Hypnosetexte

Der Autor

Ingo Michael Simon ist Heilpraktiker für Psychotherapie und Hypnosetherapeut. Mit Hilfe hypnosegestützter Psychotherapie behandelt er vor allem Menschen mit anhaltenden psychischen Leiden. Angststörungen aller Art und psychosomatische Erkrankungen bilden den Schwerpunkt seiner Praxistätigkeit. Zu seinen therapeutischen Angeboten gehören hauptsächlich klassische und moderne Hypnoseanwendungen, somato-emotionale Psychotherapie und geführte Trancereisen durch die Welt des von ihm entwickelten TRAUMLANDES als innere Repräsentanz der Emotionen.

Ausbildungskurse

Ingo Michael Simon bietet regelmäßig Ausbildungskurse zu verschiedenen Hypnoseformen von der klassischen Suggestionshypnose bis zu modernen Visualisierungstechniken und natürlich zu der von ihm selbst entwickelten TRAUMLANDTHERAPIE an. Aktuelle Informationen und Termine finden Sie auf *www.praxissimon.de*.

Hypnosetexte

50 ausformulierte Suggestionstexte für den Hypnosehauptteil

Band 4

von
Ingo Michael Simon

Hypnosetexte

**50 ausformulierte Suggestionstexte
für den Hypnosehauptteil**

© 2013 - I. M. Simon

© 2013 Ingo Michael Simon
Herstellung und Verlag:
BoD - Books on Demand, Norderstedt
ISBN: 978-3-7322-4665-6
Covergestaltung: Magic Merlin
Herstellung: Books on Demand

Kontakt zum Autor:

http://www.ingo-michael-simon.de
http://www.praxissimon.de

Wichtiger Hinweis

Inhaltsverzeichnis

DIE LERNSOFTWARE FÜR ANGEHENDE HEILPRAKTIKER (PSYCHOTHERAPIE)

PRÜFUNGSTRAINER HP PSYCHOTHERAPIE

VON
INGO MICHAEL SIMON
UND
BURKHARD SCHLIMME

Überall im Buchhandel!

Bestellnummer (EAN): 4280000292438
Weitere Infos und Bestellung:

www.angelina-schulze.com/onlineshop

Dieses Trainings- und Lernprogramm wurde konzeptionell und inhaltlich von dem erfahrenen Heilpraktiker für Psychotherapie und Ausbilder Ingo Michael Simon in Zusammenarbeit mit dem Programmierer Burkhard Schlimme und dem Angelina Schulze Verlag entwickelt.

Sie erhalten mit diesem Programm nicht nur ein Prüfungstraining, sondern können das Programm zum Lernen und zum Schließen von Wissenslücken nutzen, denn zu allen Fragen wird jede einzelne Antwort ausführlich kommentiert, auch die falschen Antworten. So können Sie sofort erkennen, warum Sie von einer Frage in die Irre geführt wurden oder wo Ihr Fachwissen noch verbessert werden kann.

Vorwort

Dieses Buch enthält fünfzig vollständig ausformulierte Hypnosehauptteile zu interessanten und in Hypnosepraxen häufig behandelten Themen und Problemen. Ich möchte damit eine weitere Arbeitshilfe anbieten, für alle Hypnotiseure, die Hilfe bei der Gestaltung ihrer Hypnosesitzungen suchen. Mit der Buchreihe ZEHN HYPNOSEN habe ich bereits eine ähnliche Unterstützung angeboten. Dort finden Sie voll ausformulierte Hypnosen von der Einleitung bis hin zur Ausleitung. Die Rückmeldungen vieler Leserinnen und Leser hat gezeigt, dass diese Textsammlungen sehr hilfreich sind und gerne in der Praxis eingesetzt werden. Gleichzeitig gibt es einen großen Bedarf an Texten, die sich nur mit dem Hauptteil befassen, da dies in der Regel der anspruchsvollste Abschnitt einer gelungenen Hypnose ist. Viele Hypnotiseurinnen und Hypnotiseure haben ihre routinierten oder speziellen Einleitungs- und Vertiefungswege, oft auch alternative Tranceführung mit Hilfe von Trommeln, Gongschlägen oder Atemtechniken. Die Texte dieses Buches können problemlos als Hauptteil in jede Form von Hypnose eingebaut werden, da der Weg in die Trance und wieder zurück zum tageswachen Zustand beliebig ergänzt werden kann. Ich habe 22 wichtige Themen ausgesucht und jeweils mindestens zwei Hauptteile pro Thema formuliert, damit sie für jeweils zwei Sitzungen gut vorbereitet sind. Klassische Suggestionstexte kommen ebenso vor wie kreative Visualisierungen, ideomotorische Elemente und Fantasiereisen, um der Vielfalt der Möglichkeiten und Bedürfnisse der Hypnotiseure möglichst gerecht zu werden. Ich wünsche ihnen viel Spaß beim Lesen der Texte, die sie bei Bedarf natürlich auf ihre Klienten anpassen oder leicht abändern sollten, und viel Erfolg in ihrer Hypnosepraxis.

Ingo Michael Simon
Juli 2013

Abhängigkeit und Sucht, Rückfallvorbeugung (1)

Du hast mit dem Trinken aufgehört ... Du bist ein trockener Alkoholiker ... Du bist trocken ... zumindest bist du es fast ... Du kennst noch den Gedanken an Alkohol und du weißt, dass du niemals vergessen wirst, dass du einmal getrunken hast ... Und heute wollen wir sehen, dass du etwas unternehmen kannst, wenn die Idee des Trinkens dich besucht ... wenn vielleicht die Unruhe kommt oder die Nervosität ... Dann wäre es schön, wenn du eine Möglichkeit zur Hand hast, diese Erscheinungen sofort loszulassen und trocken zu bleiben ... Wir akzeptieren also, dass diese Gedanken noch da sind und dass sie zu dir gehören ... Es ist deine Entscheidung, diese Gedanken dann heute ... hier und jetzt und jeden Tag erneut zu verabschieden ... Dazu machen wir eine kleine gedankliche Reise in deiner Fantasie und Kreativität ... Wir durchwandern einen schönen Tagtraum, der Wirklichkeit ist, wenn du es so willst ...

Du gehst auf eine märchenhafte Wiese ... Hier ist es angenehm warm und alles ist voller froher Farben, die dir ein frisches und angenehmes Gefühl schenken ... ... Du freust dich, dass du schon einen großen Schritt geschafft hast in deinem neuen Ex-Trinker-Leben ... Hier auf deiner Märchenwiese gibt es bunte Blumen, glitzernde Schmetterlinge und wunderschön singende Vögel ... Und du hörst das Rauschen eines Flusses ... Du gehst in die Richtung, aus der du dieses Geräusch hören kannst und siehst ihn schon ... ein wunderschöner Fluss mit kristallklarem Wasser ...

Am Ufer des Flusses steht eine rote Schachtel ... Sie ist geöffnet, und sie ist leer ... Sie steht nur für dich hier ... Du kannst die Idee des Trinkens, jeden Gedanken daran, die Lust auf Alkohol oder das Verlangen danach dort hineinlegen ... was auch immer jetzt noch da ist von der Vorstellung oder dem Bedürfnis nach Alkohol, das nimmst du in beide Hände und formst eine Kugel daraus ... die Kugel aller

Trinkergedanken und Trinkerbedürfnisse ... Jeder Gedanke an das Trinken, jede noch so kleine Überlegung, noch einmal ein Glas Alkohol zu trinken, schließt du in dieser Kugel ein, die du in den Händen hältst ... Und diese Kugel legst du nun in die Schachtel ... Du verschließt die Schachtel und verschnürst sie ganz fest ... wie ein Geschenkpaket ... Du stehst am Ufer des Flusses und hast dieses Paket des Trinkens fest verschnürt ... Und nun kommt die Person auf dich zu, die sich am meisten mit dir zusammen und für dich darüber freuen kann, dass du mit dem Trinken für immer aufhörst ... Die Person aus deinem Leben, die sich am meisten mit dir und für dich freuen kann, dass du nie wieder trinken wirst, kommt nun zu dir ... Du nimmst das verschnürte Paket in beide Hände und du schenkst es dieser Person, die nun bei dir ist ... Du schenkst diesem Menschen, der dich so unterstützt durch seine Anteilnahme und durch seine liebevolle Freude, dieses verschnürte Trinkerpaket ... Du übergibst es als Symbol deines Loslassens und deines festen Willens ... Und gemeinsam freut Ihr Euch darüber, dass du diesen Schritt gegangen bist ... dass du nie wieder trinken willst ... Gemeinsam nehmt ihr das Paket noch einmal in die Hände und tragt es zum Fluss ... Und als Ausdruck deines Willens und deines Loslassens setzt du das Paket auf die Wasseroberfläche des Flusses ... Du lässt das Trinkerpaket jetzt los ... genau hier ... gerade jetzt ... Du schaust dem Paket hinterher ... Der Fluss trägt es davon ... Es treibt immer weiter von dir weg ... Das Paket des Rauchens, mit allem was Trinken jemals noch für dich bedeuten könnte, treibt immer weiter weg ... Der Fluss bringt es immer weiter von dir weg ... bis Du es nicht mehr sehen kannst ... Du freust dich darüber, und die Person, die bei dir ist, freut sich mit dir und für dich ... ...

Abhängigkeit und Sucht, Rückfallvorbeugung (2)

Du stellst dich heute gedanklich darauf ein, dich für immer vom Alkohol zu verabschieden ... Du weißt, dass die Gedanken an das Trinken kommen können ... Es ist deine Herausforderung, dem Gedanken zu widerstehen, auch dann nicht zu trinken, wenn du das Bedürfnis danach verspürst ... Es ist deine Herausforderung, dein wirkliches inneres Bedürfnis zu spüren und dann dieses zu stillen ... ohne Alkohol ...

Du überlegst dir einen Ort, an dem du noch nie Alkohol getrunken hast ... vielleicht ein Ort von früher, an dem du als Kind gerne warst ... oder ein Platz, an dem du nicht einmal zu den schlimmsten Zeiten getrunken hast, weil es auch das gab ... einen Bereich, in dem Alkohol für dich schon immer tabu war ... Du findest in deiner Erinnerung einen Ort, an dem du noch niemals in deinem gesamten Leben Alkohol getrunken hast ... Wenn du willst, kannst du einen solchen Ort auch in deiner Fantasie aufbauen ... vielleicht ein schöner Ort, an dem du schon immer einmal sein wolltest ... Du findest in deiner Fantasie oder in deiner Erinnerung einen solchen Ort, an dem du wirklich noch niemals Alkohol getrunken hast ... Dort gehst du hin und fühlst dich wohl ...

An diesem Nichttrinker-Ort überlegst du dir, wer dir am schnellsten helfen könnte, wenn Gedanken an das Trinken aufkommen würden ... Du findest eine Person, die dir am meisten und schnellsten helfen kann ... vielleicht jemand, der dich am besten an dein versprechen erinnern kann, nicht mehr zu trinken ... oder jemand, dem du es am liebsten jeden tag versprechen würdest ... Diese Person, die dich am besten beraten kann ... dir am meisten helfen kann, wenn es schwer wird, kommt zu dir an den Ort des Nichttrinkens ...

Dann überlegst du dir, dass du auch sagen kannst: Ich trinke heute nicht ... vielleicht Morgen, doch heute lasse ich den Alkohol stehen ...

Damit es noch klarer wird, dass das deine neue Grundhaltung ist, schreibst du sie auf ein großes Plakat: Ich trinke heute nicht ... vielleicht Morgen, doch heute nicht ...

Dann ruhst du dich aus an diesem schönen Nichttrinker-Ort und denkst darüber nach, was du in deinem Alltag tun musst, wenn Gedanken an das Trinken aufkommen ... wenn plötzlich das Bedürfnis da sein sollte, Alkohol zu trinken ... Sobald der Gedanke aufkommen könnte, wieder Alkohol zu trinken, gehst du sofort in deinem Inneren an den Ort des Nichttrinkens, dorthin, wo du jetzt gerade bist ... Dann lädst du die Person zu dir ein, die dir am besten und am schnellsten helfen kann ... die Person, die auch jetzt bei dir ist ... damit sie dir helfen kann, über das Verlangen weg zu kommen und wieder frei zu werden ...

Gemeinsam mit dieser Person, die dir am besten helfen kann, schaust du dann auf das Plakat, auf dem steht ... Ich trinke heute nicht ... vielleicht Morgen, doch heute nicht ... und sofort löst sich das Bedürfnis nach Alkohol wieder auf ... weil du es so willst ... weil du es so entschieden hast ... weil du kein Trinker mehr bist ... Du bist trocken und bleibst es ...

Affirmationshypnose, allgemein (1)

Die folgende Variante eines Hypnosehauptteils arbeitet mit einer eher kurzen und prägnanten Suggestion, die auch als Affirmation außerhalb der Hypnose benutzt werden kann. Es handelt sich um eine allgemein formulierte Vorlage, die sie nutzen können, wenn sie gerne mit Affirmationen arbeiten und diese mit den Vorteilen des Trancezustandes kombinieren möchten. Der Hypnosehauptteil ist bewusst sehr kurz gewählt, um die Affirmation ganz deutlich zu machen und als Grundaussage zu etablieren, als neuen Glaubenssatz. Vorteil der Hypnose besteht sicherlich darin, dass die Affirmation leichter vom Klienten angenommen wird als im wachbewussten Zustand. Allerdings sollte diese Hypnose nicht als erste Sitzung dienen, sondern eingebracht werden, wenn der Klient bereits einen gewissen Verarbeitungsprozess durchgemacht hat und der Affirmation/dem Glaubenssatz bereits offener gegenüber steht als es ein verzweifelter Kranker oder Suchender zu Beginn einer Psychotherapie tut. Das müssen sie als Therapeut/in entscheiden.

Tief in deinem Inneren gibt es den Platz der Klarheit ... An diesem Platz gibt es nur weißes, reines Licht ... Du stehst an diesem Platz und siehst überall um dich herum nur Licht ... Lass diese Vorstellung ganz deutlich werden ... weißes Licht um dich herum ... nur Licht überall ... Tauche ganz ein in die Vorstellung von reinem weißen Licht und vollkommener innerer Freiheit ...
Der Boden unter deinen Füßen scheint gläsern ... du kannst durch ihn hindurch sehen ... unendlich weit in die Tiefe ... Doch auch dort siehst du nur angenehmes, weißes Licht ... Du schaust nach oben und siehst auch über dir nur Licht ... Es ist überall ... hell und klar und sehr angenehm ... Es hüllt dich ein und schenkt dir Klarheit und Offenheit ... Du siehst vor dir eine gläserne Wand ... Du kannst durch sie hindurch blicken und siehst auch hinter der Wand nur Licht ... Wunderschön ist es am Platz der Klarheit ... so rein ... so frei ... so hell und klar ... so deutlich ...Du schaust noch einmal auf die Wand vor dir ... Dort erscheint langsam eine Schrift in dicken deutlichen Buchstaben, die immer deutlicher werden ...

Du kannst die Schrift erkennen ... Du kannst sie deutlich lesen ... An der gläsernen Wand vor dir, am Platz der Klarheit, steht geschrieben ...

... [Hier bitte die gewählte Affirmation einbauen und langsam und deutlich sprechen. Wiederholen sie die Affirmation einige Male.] ....

Lass die Worte einfach in dich hinein fließen ... Lass sie ihre Wirkung entfalten und schenke dir selbst Ruhe und Achtsamkeit ... Ruhe und Achtsamkeit ... Umarme dich innerlich selbst und spüre die Wirkung der Worte, die du an der gläsernen Wand vor dir lesen kannst ...

... [Hier bitte die gewählte Affirmation einbauen und langsam und deutlich sprechen. Wiederholen sie die Affirmation einige Male.] ....

Ich bevorzuge es, den Hauptteil mit der Formulierung der Affirmation zu beenden und dann direkt zur Ausleitung überzugehen. Natürlich können sie den gesamten Text auch in einen längeren Hauptteil einbauen.

Affirmationshypnose, allgemein (2)

Die folgende Variante eines Hypnosehauptteils arbeitet mit einer eher kurzen und prägnanten Suggestion, die auch als Affirmation außerhalb der Hypnose benutzt werden kann. Es handelt sich um eine allgemein formulierte Vorlage, die sie nutzen können, wenn sie gerne mit Affirmationen arbeiten und diese mit den Vorteilen des Trancezustandes kombinieren möchten. Der Hypnosehauptteil ist bewusst sehr kurz gewählt, um die Affirmation ganz deutlich zu machen und als Grundaussage zu etablieren, als neuen Glaubenssatz. Vorteil der Hypnose besteht sicherlich darin, dass die Affirmation leichter vom Klienten angenommen wird als im wachbewussten Zustand. Allerdings sollte diese Hypnose nicht als erste Sitzung dienen, sondern eingebracht werden, wenn der Klient bereits einen gewissen Verarbeitungsprozess durchgemacht hat und der Affirmation/dem Glaubenssatz bereits offener gegenüber steht als es ein verzweifelter Kranker oder Suchender zu Beginn einer Psychotherapie tut. Das müssen sie als Therapeut/in entscheiden.

Stell dir vor, du sitzt in einem Kino ... Ein altes Kino, so wie die Kinos früher einmal ausgesehen haben ... Mit dicken, weichen Sesseln, mit Samt bezogen ... Ganz weiche Sessel ... Mach es dir in einem samtweichen Sessel bequem. Du bist ganz alleine in diesem Kino. Der ganze Saal ist leer und es ist ruhig, ganz, ganz ruhig ... Schau dich etwas um in deinem Kinosaal ... Der Boden ist samtweich ... Ein ganz weicher Teppichboden ... Vielleicht ein dunkles rot ... ein schönes ganz dunkles rot ... Die Wände sind mit farbigem Stoff bezogen ... Rot und grün ... rot und grün ... Und von der Decke hängt ein riesiger Kronleuchter herab, mit ganz vielen Glühbirnen und mit unzähligen Kristallen daran ... Er leuchtet gerade soviel, dass du alles gut erkennen kannst ... Mach es dir ganz bequem in deinem Sessel, lass es dir gut gehen in deinem weichen Sessel ... An den Wänden des Kinos hängen kleine Laternen. Zwei oder drei auf jeder Seite, rechts und links ... Darin brennen kleine violette Gasflammen ... Die Leinwand ganz weit vorne ist durch einen dicken, schweren Vorhang verdeckt ... Ein dunkler, schwerer Vorhang verdeckt die Leinwand in diesem schönen Kino ...

Es wird langsam dunkler und dunkler ... Das Licht wird heruntergedreht und es wird immer dunkler und dunkler ... Und dabei kannst du es immer bequemer werden lassen und immer ruhiger in dir drin ... Der Vorhang öffnet sich langsam, der lange, schwere, dunkle Vorhang schiebt sich langsam zur Seite ... Immer weiter öffnet sich der Vorhang zu deiner Leinwand ... Und es wird dunkler und dunkler, stiller und stiller ... Der Vorhang öffnet sich immer weiter ...

Das leise Summen des Vorführgerätes ist zu hören, der Vorspann beginnt ... Vorne auf der Leinwand steht eine Zahl ... eine Zehn ... Und während der Vorspann läuft, laufen Zahlen rückwärts, von zehn bis null. Ich zähle für dich mit und du kannst mit jeder Zahl tiefer sinken, mit jeder einzelnen Zahl, die ich nenne ... zehn ... neun ... acht ... sieben ... sechs ... fünf ... vier ... drei ... zwei ... eins ... gleich beginnt der Film ... gleich geht es los ... es kann gleich beginnen ... null ... nun geht es los ... nun beginnt es ... Und vorne auf der Leinwand steht in dicken, großen Buchstaben

... [Hier bitte die gewählte Affirmation einbauen und langsam und deutlich sprechen. Wiederholen sie die Affirmation einige Male.] ....

Ich bevorzuge es, den Hauptteil mit der Formulierung der Affirmation zu beenden und dann direkt zur Ausleitung überzugehen. Natürlich können sie den gesamten Text auch in einen längeren Hauptteil einbauen.

Angst beim Überqueren von Brücken (1)

Die folgende Variante eines Hypnosehauptteils arbeitet mit einem Anker in Form eines handlichen Zettels mit der Aufschrift „Ich schaffe das!". Das kann eine beschriftete Visitenkarte sein oder ähnliches. Die Karte wird vorbereitet und dem Klienten in die Hand gegeben. Er kann sie während der Hypnose locker in der Hand halten oder auf seinen Körper legen, beispielsweise auf das Sonnengeflecht (Solarplexus). Die Karte soll er nach der Hypnose bei sich tragen, in der Hosen- oder Jackentasche. Auf jeden Fall sollte es jederzeit möglich sein, die Karte schnell in die Hand zu nehmen und anzuschauen bzw. den Affirmationssatz darauf zu lesen. Diese Hypnose sollte in Verbindung mit der Variante 2 auf der übernächsten Seite gemacht werden, wobei die erste als Vorbereitung dient und die zweite als Konfrontationstraining (in vivo) gedacht ist.

Du hast das Ziel, Brücken endlich betreten und sogar überqueren zu können ... Du hast beschlossen, über eine Brücke zu gehen und du wirst es schaffen ... Du hast verstanden, dass du es bist, der Wahrheit aus deinen Absichten machen muss ... Du weißt, dass du selbst es bist, der deinen Erfolg macht ... und du bist bereit dazu ... Du bist bereit, alles zu geben, was notwendig ist, um über die Brücke zu gehen ... Du hast das Potenzial dazu, deine Angst loszulassen und den Mut, den du dazu brauchst ...

Doch du willst mehr ... Du willst jederzeit und in vollem Umfang über deine Eigenschaften und Fähigkeiten auch verfügen können ... Du willst mit Ehrgeiz und Durchhaltevermögen dran bleiben, auch und gerade wenn es schwierig werden sollte auf der Brücke ... Du bleibst dran, das hast du dir fest vorgenommen ... Du hast diesen inneren Leitspruch, diese Devise, dieses innere Gesetz, das dir sagt: Ich schaffe das! ...

Was auch immer du planst, du sagst ... Ich schaffe das, ich gehe über die Brücke ... Was auch immer du machst, du sagst ... Ich schaffe das, ich gehe über die Brücke ...

Was auch immer du bewältigen musst, du sagst ... Ich schaffe das, ich gehe über die Brücke ... Was auch immer du willst, du sagst ... Ich schaffe das, ich gehe über die Brücke ... Beim Anblick der Brücke sagst du: Ich schaffe das, ich gehe über die Brücke ... Beim Betreten der Brücke sagst du: Ich schaffe das, ich gehe über die Brücke ... Beim Überqueren der Brücke sagst du: Ich schaffe das, ich gehe über die Brücke ...

Du hast diese Karte mit genau dieser Aufschrift, die sagt ... Ich schaffe das ... Ich schaffe das ... Du spürst jetzt diese innere Kraft, die immer größer in dir wird ... Du weißt, dass du alles schaffen kannst ... dein Wille und deine Bereitschaft werden mit jedem Atemzug größer und mit jedem Atemzug wird es deutlicher ... Ich schaffe das ... Ich schaffe das ...

Die Karte zeigt es dir jeden Tag ... Sie zeigt dir deine eigene Einstellung, die du immer bei dir tragen kannst ... Sie hilft dir, jeden Tag stärker zu werden und schließlich die Brücke zu überqueren ... Sobald auch nur der geringste Zweifel in dir aufkommen mag, nimmst du sofort die Karte in die Hand und liest diesen Satz ... Ich schaffe das ... Dann spürst du sofort die Wirkung, du spürst, dass das deine Wahrheit ist ... Ich schaffe das ...

Die Karte zeigt es dir jeden Tag ... Sie zeigt dir deine eigene Einstellung, die du immer bei dir tragen kannst ... Sie hilft dir über schwierige Momente hinweg ... Sobald auch nur der geringste Zweifel in dir aufkommen mag, nimmst du sofort die Karte in die Hand und liest diesen Satz ... Ich schaffe das, ich gehe über die Brücke ... Dann spürst du sofort die Wirkung, du spürst, dass das deine Wahrheit ist ... Ich schaffe das, ich gehe über die Brücke ...

Angst beim Überqueren von Brücken (2)

Die folgende Variante eines Hypnosehauptteils arbeitet mit einem Anker in Form eines handlichen Zettels mit der Aufschrift „Ich schaffe das!". Das kann eine beschriftete Visitenkarte sein oder ähnliches. Die Karte wird vorbereitet und dem Klienten in die Hand gegeben. Er kann sie während der Hypnose locker in der Hand halten oder auf seinen Körper legen, beispielsweise auf das Sonnengeflecht (Solarplexus). Die Karte soll er nach der Hypnose bei sich tragen, in der Hosen- oder Jackentasche. Auf jeden Fall sollte es jederzeit möglich sein, die Karte schnell in die Hand zu nehmen und anzuschauen bzw. den Affirmationssatz darauf zu lesen. Zuerst sollte die Vorbereitung (Angst beim Überqueren von Brücken 1) gemacht werden.

Du hast dich auf den heutigen Tag gut vorbereitet ... Du willst jetzt endlich über die Brücke gehen ... Du weißt, dass du das schaffen kannst ... Du hast es dir hunderte Mal vorgestellt ... Du hast dich ausführlich und lange genug darauf vorbereitet ... Du schaffst das ...
Du hast es als Slogan in den letzten Wochen immer bei dir getragen ... ... Du hast die Karte mit der Aufschrift ... Ich schaffe das ...
Doch das ist längst mehr als nur eine Karte mit einem Satz drauf ...
Es ist dein Wahlspruch ... deine innere Richtschnur ... Es ist dein Glaube ... dein fester Glaube ... Ich schaffe das ...
Ich schaffe das, ich gehe über die Brücke ... Egal, welcher Gedanke aufkommen mag, du sagst ... Ich schaffe das, ich gehe über die Brücke ...
Was auch immer sich dir als Herausforderung in den Weg stellen könnte, du sagst ... Ich schaffe das, ich gehe über die Brücke ... Was auch immer du willst, du sagst ... Ich schaffe das, ich gehe über die Brücke ... Beim Anblick der Brücke sagst du: Ich schaffe das, ich gehe über die Brücke ... Beim Betreten der Brücke sagst du: Ich schaffe das,

ich gehe über die Brücke ... Beim Überqueren der Brücke sagst du: Ich schaffe das, ich gehe über die Brücke ...

Du hast diese Karte mit genau dieser Aufschrift, die sagt ... Ich schaffe das ... Ich schaffe das ... Nimm die Karte jetzt in die Hand, sodass du drauf schauen kannst ... Lies den Leitspruch ... Ich schaffe das ... genau ...

Und jetzt geh über die Brücke ... Sobald auch nur der Gedanke an Angst aufkommen könnte, schau sofort auf deine Karte und geh weiter ...

Wenn sie den Klienten begleiten, sprechen sie bitte nicht weiter, sondern gehen mit ihm gemeinsam oder einen Schritt hinter ihm los. Helfen sie nur suggestiv, wenn er stehen bleiben sollte. Ständiges suggestives Anfeuern bewirkt häufig das Gegenteil des gewünschten Effektes.

Angst im Dunkeln (1)

Du hast beschlossen, heute alles zu ändern ... Dein Entschluss steht fest ... Du willst die Angst vor der Dunkelheit beenden ... Du hast es anders gekannt, doch heute übernimmst du wieder die Kontrolle ... Dein Entschluss ist gut, denn so gewinnst du dein erwachsenes Leben zurück ... kannst wieder allein sein und dich wohl fühlen und sicher ... auch und gerade im Dunkeln ...

Wirklich erstaunlich, wie schnell sich deine Körperhaltung schon bei dem Gedanken an diesen inneren Entschluss verändert, selbst jetzt in der Stille der Trance ... weil du die Entscheidung gefällt hast und dich damit schon innerlich ganz darauf eingestellt hast, deine Angst vor der Dunkelheit zu beenden ... ganz bemerkenswert auch, wie sich dein Körper schon darauf einstellt, dass du selbst wieder die Kontrolle übernimmst ... dass du bestimmen kannst, dass sich dein Körper wohl fühlt ... Dein Körper bereitet alles für dich so vor, dass du die Kraft und Stärke spürst, wenn es dunkel wird ... Und wenn die Dunkelheit dich umgibt, wird dieses Gefühl von Kraft noch stärker ... Die Dunkelheit wird dich ab sofort daran erinnern, dass du diese erwachsene und stolze Kraft tief in dir hast ... dass du im Dunkeln gelassen und entspannt bleiben kannst ... Du kannst auf deine Fähigkeiten und deine Stärke vertrauen ... ganz fest vertrauen ... Du lässt jetzt schon ein inneres Bild davon entstehen, wie gut es sich anfühlt, sobald du die Angst vor der Dunkelheit vollkommen überwunden hast und allein bleiben kannst ... Das Besondere liegt darin, dass du dich dabei vollkommen sicher fühlst ... vollkommen sicher ...

Dieser Tag ist nun gekommen, denn heute schon stellst du dich darauf ein, so intensiv es irgendwie geht ... Du wirst stärker ... Du wirst entschlossener ... Du wirst mutiger ... Du wirst größer ... Dein Körper nimmt eine immer stabilere Haltung ein, denn du hast jetzt das Kommando ... Du kannst deinem Körper sagen, was er tun soll und was er unterlassen soll ... Tatsächlich unterliegen deine Körperreaktionen deinem tiefen Willen ... und du hast diesen Willen, die Angst nun loszulassen ... endlich wieder frei zu sein ... Wenn du ganz deutlich in deinen Körper hinein spürst und ihn bewusst werden lässt, dann kannst du deutlich spüren, wie er sich verändert ... Dein

Atem wird weiter ... Dein Brustkorb spürt die Öffnung und Freiheit des tiefen Einatmens ... Ganz erstaunlich, wie deutlich dein Körper deine neue Stärke schon signalisiert ...

So stellen sich auch all deine Gedanken darauf ein, frei von Angst zu sein ... Jeden Gedanken an Angst vor der Dunkelheit ersetzt du hier und heute durch den Gedanken der Mut und Sicherheit ... jetzt in diesem Moment, genau jetzt nimmst du diesen Austausch vor ... Jeden Gedanken an Angst vor der Dunkelheit ersetzt du hier und heute durch den Gedanken an Mut und Sicherheit ... Es ist so alltäglich in deiner Vorstellung, dass du es tatsächlich kannst ... viel besser und viel schneller als du dachtest ... Heute kannst du es spüren ... Du hast die Kraft und Stärke ... Du hast die Macht ... Du fühlst die Entschlossenheit ... Du bist mutig ... Du bist mutig ... stärker als je zuvor ... stolzer als je zuvor ... bereiter als je zuvor ... mutiger als je zuvor ... Jetzt ...

Es ist jetzt an der Zeit, die Angst vor der Dunkelheit vollkommen loszulassen ... Du machst dir klar, dass die Angst nur eine Erinnerung ist ... eine Erinnerung an eine längst vergangene Zeit ... Jeder Tag beginnt neu und an jedem Tag kannst du neu beginnen ... mit deiner neuen Kraft und Stärke ... mit deinem neuen Mut ...

Ist es nicht ganz hervorragend, dass du dich auch im Dunkeln mit dieser neuen Kraft wohl fühlen kannst? ... So weit bist du schon innerlich gegangen, dass du dich nun befreien kannst von alten Denkmustern und Gewohnheiten, die du längst nicht mehr brauchst ...

Du bist stark und groß ... und genau so stark und groß bist du, wenn die Dunkelheit kommt ... denn heute beginnt ein neuer Teil deines Lebens ... ein Abschnitt voller Freiheit und Souveränität ... eine Zeit, die dich immer stärker werden lässt ... Und dein Körper zeigt dir immer noch, wie stark und wie frei du geworden bist ... Achte noch einmal auf dein Körpergefühl und spüre diese tief Kraft ... diese frei und weite Atmung ... diese Haltung, die zeigt ... Ja! Ich bin stark ... Ja! Ich stelle mich der Angst ... Ja! Ich besiege die Angst und bin frei ... und werde immer stärker ... genau wie in diesem Moment ...

Angst im Dunkeln (2)

Du kennst das Bedürfnis nach Sicherheit und Ruhe, vor allem, wenn es dunkel ist ... Ich kann dir helfen, einen besonderen Raum deiner Sicherheit in deinem Innern einzurichten ... einen Raum, in den du dich zurückziehen kannst ... in dem du immer wieder und ganz schnell Geborgenheit und Sicherheit finden kannst ... Einen solchen Ort wünschen sich die meisten Menschen ... Du wirst ihn heute erschaffen ... nur für dich ...

Stell dir vor, du stehst mitten auf einer schönen alten Straße und schaust direkt auf ein wunderschönes Haus, ein Haus mit hohen Fenstern und Türen, ein altes Haus, das aussieht, als sei es von selbst gewachsen in dieser Landschaft ... Geh auf das Haus zu, es ist dein inneres Haus ... Es ist stabil und sicher gebaut ... hat auch raue Zeiten überstanden und steht immer noch fest wie ein Fels in der Brandung ...

Öffne die Tür ... Sie lässt sich ganz leicht öffnen ... Trete ein in dein inneres Haus ... Im Eingangsbereich findest du Wandschränke ... Du kannst alles darin abstellen, was du jetzt nicht brauchst ... Alle Gedanken, alle Sorgen, alle Gefühle kannst du wie einen Rucksack absetzen und in den Wandschränken verstauen ... Dann gehst du weiter durch den Flur des Hauses ... es gibt viele Türen hier, viele Räume, in denen du Ereignisse und Erlebnisse deines Lebens finden kannst ... und Möglichkeiten ...

... Du kommst zu einer Tür, an der ein Schild hängt mit der Aufschrift: Raum der Sicherheit ... Öffne die Tür und gehe hinein ... Der Raum ist leer ... Es soll dein Ort der absoluten Sicherheit sein ... deine Zuflucht ... vielleicht dein Panic Room ...

... Überlege dir, was du alles gebrauchen kannst, in diesem Ort der Ruhe und Sicherheit ... Wähle ein Möbelstück, das dir Geborgenheit geben kann ... vielleicht eine bequeme Couch oder einen Fernsehsessel ... oder eine kuschelige Matratze mit einer flauschigen Decke oder was eben am besten zu dir passt ... Stell dieses Möbelstück auf und probiere es aus ... Mach es dir darauf bequem und lass es für dich wirken ... Spüre, wie es dir tatsächlich schon ein Gefühl von Sicherheit geben kann ... Richte den Raum weiter ein ... Vielleicht brauchst du einen Tisch, ein paar Regale oder andere Möbelstücke, die dir in den Sinn kommen ... Wähle alles so, dass du dich dabei wohlfühlen kannst ... und sicher ... Überlege dir nun, wie du dich schützen kannst in diesem Raum ... Bringe eine sichere Verriegelung an der Tür an und an deinem Fenster ... eine Verriegelung, die du ganz leicht betätigen kannst ... die dir absolute Sicherheit gibt, sodass nichts und niemand in deinen Raum eindringen kann ohne deine Zustimmung ...

... Überlege dir nun eine Kommunikationsmöglichkeit ... Vielleicht soll es ein abhörsicheres Telefon geben, damit du nach außen Kontakt aufnehmen kannst, ohne Angst haben zu müssen ... damit du unerkannt bleiben kannst, wenn du es willst ... Möglicherweise willst du lieber ein Funkgerät haben oder eine Verbindung über das Internet ... mit einer Webcam ... Entscheide selbst, was dir am meisten Sicherheit gibt und wie du nach außen gehen kannst, wenn du dich in Sicherheit bringen willst ... Entscheide selbst, wie du dich mitteilen willst, wie du darüber reden willst, wenn du Angst hast ... Du kannst an einem sicheren Ort sein und gleichzeitig Mitteilungen senden ... Entscheide also auch, wer in deine Kontaktliste aufgenommen wird ... Probiere deine Kommunikationswege nun aus ... Stell dir vor, wie du jemanden anrufst und mit jemandem über deine Angst sprichst ... Du weißt, dass dir an dem sicheren Ort nichts passieren kann und dass du dich sofort darin abgrenzen kannst ... Nur du entscheidest also, wie du dich mitteilst ... Überlege nun, wer dich an dem sicheren Ort besuchen darf ... wer Zugang zu deinem inneren Haus haben darf, um dich zu besuchen, gerade dann, wenn du dich weit in dieses Haus zurückziehst ... Vereinbare mit diesem Besucher ein Signal, das du ihm gibst, sodass er in deinen sicheren Raum hinein darf ... Vielleicht soll jemand einen Schlüssel haben, dem du ganz vertraust oder den Zugangscode zu deinem Sicherheitsriegel vor der Tür ...Du brauchst noch etwas zu essen in deinem Sicherheitsraum ... vielleicht einen Kühlschrank oder eine Mirkowelle ... Du kannst dir auch einen Speisenaufzug einrichten, über den deine Verpflegung angeliefert wird, wenn du länger in deinem Raum bleiben solltest ... Plane deinen Raum genau so, dass er für dich der sicherste Rückzugsort, das beste Versteck sein kann ...

Und dann genieße die Ruhe und das Gefühl der Sicherheit in deinem Raum ... Verriegle die Tür, wenn du willst und bleibe ganz in diesem Raum ...

Erschöpfung, Burnout (1)

Du stehst auf einer Wiese und spürst den Wind um dich herum ... Er weht stark, so als käme ein Sturm auf ... Vielleicht ist es auch bereits ein Sturm, der sich nur nicht so anfühlt, weil du daran gewöhnt bist, beim stärksten Sturm noch stehen zu bleiben ... wie ein Fels in der Brandung ... und wie von selbst beginnst du vorwärts zu gehen ... Niemand hat dich dazu aufgefordert, doch du machst es einfach ... so ist deine Routine ... In der Hand hältst du eine kleine brennende Kerze ... Du trägst sie mit einer Hand und mit der anderen versuchst du, die Flamme zu schützen, damit sie nicht ausgeht ... Sie wird vom Wind hin und her gerissen und droht zu verlöschen ... Doch schützend hältst du deine Hand darüber und gehst weiter ... immer weiter ... Und du konzentrierst dich voll und ganz auf die Kerze, damit ihre Flamme nicht ausgeht ... So oft hast du dich selbst schon gefühlt wie eine Kerze im Wind ... kurz vorm Erlöschen und immer in Gefahr ... nur deine eigenen Hände als Schutz ... Wenn du jetzt einmal darüber nachdenkst, wie du in den letzten Jahren gelebt und gearbeitet hast, kannst du es verstehen ... kannst du sehen, dass du selbst genauso warst wie diese Kerze im Wind ... ganz genau so ... Doch in der Zeit als es am schlimmsten war, hast du es nicht einmal bemerkt ... so sehr warst du mit dem Schutz dieser Flamme in dir beschäftigt, dass du wie ein Roboter weiter gelaufen bist ... Du hast einfach weiter gemacht, immer fokussiert auf die Kerze und immer im Wind ... Es blieb keine Zeit mehr zum Stehen bleiben ... zum Ausruhen ... zum Nachdenken über dich und deine Ziele ... über das, was sich lohnen kann und das, was nicht mehr wichtig ist ... Du warst wie eine Kerze im Wind ... kurz vorm Ausbrennen ... Du nimmst deinen Blick nach oben und siehst dich um ... Du riskierst es, obwohl der Wind so stark ist ... Plötzlich bemerkst du, dass du mitten in einem Wald stehst ... Du bist hinein gelaufen, ohne es zu bemerken, denn du hast dich nur auf die Flamme konzentriert ... Nun bleibst du stehen und schaust tief in den Wald hinein ... Es ist dunkel ... Du bist tief im Land deiner Träume ... im Wald deiner Gedanken ... doch alles ist still und dunkel ... als wären deine Gedanken abgeschaltet ... Dann fällt dir auf, dass der Wind längst aufgehört hat zu wehen ... und du kannst nicht einmal sagen, wann das geschehen ist ...

vielleicht vor einer Sekunde ... vielleicht aber auch vor langer Zeit, wer weiß ... Die Kerze brennt immer noch, und du kannst dich umsehen ... tief in den Wald hinein schauen und zwischen den Bäumen hindurch ...

... Zwischen den Bäumen erkennst du steinerne Tafeln, die jeweils eine Inschrift tragen ... ein Wort oder einen Satz ... ein Zeichen oder eine Zahl ... Es sind deine Gedanken, die hier auf dich warten ... nicht die, die du jeden Tag denkst, sondern die Gedanken, die schon lange auf dich warten ... für die du nur selten Zeit hattest ... Doch jetzt nimmst du dir die Zeit ... Doch weil es so dunkel hier ist, nimmst du die kleine Kerze, die du mit dir trägst, um diese Steintafeln zu erleuchten und deine eigenen Gedanken zu erkennen ... Plötzlich siehst du einen Gedanken nach dem anderen ... Du kannst sie einzeln lesen ... und plötzlich fallen dir all die interessanten Gedanken wieder ein, die du einst hattest ... Ideen ... Pläne ... Wünsche ... Träume ... Du siehst sie plötzlich ... Du spürst sie plötzlich wieder tief in dir ... so als würden sie heute wieder wach ... Mit Neugier und Interesse gehst du zwischen den Bäumen hindurch ... Du verlässt den Weg, um tiefer in deine Gedanken zu gelangen und findest immer neue Impulse ... Du nutzt die Kerze, um sie alle zu erkennen ... Und plötzlich wird dir klar, dass der Wind nicht das eigentliche Problem ist ... was du am meisten brauchst ist Zeit ... Wenn du hier im Land der Träume weitere Gedanken findest, so kannst du das nur solange tun wie die Kerze brennt ... Doch sie brennt viel langsamer als du dachtest ... Du hast also Zeit ... und nimmst dir vor, deine Zeit optimal zu nutzen ... für dich selbst ... Du weißt, dass nicht die Geschwindigkeit zählt, denn die würde Wind erzeugen ... Wenn du zu schnell nach vorne gehst, könnte die Kerze erlöschen und du würdest keine neuen Gedanken finden können ... Du nimmst dir also fest vor, sorgsam mit deiner Zeit umzugehen ... Ruhe und Ausgleich zu finden, um durch den Wald deiner eigenen Gedanken zu wandern ... Du wanderst immer tiefer in den Wald deiner Gedanken, um immer neue Gedanken und Impulse zu finden ... Dabei fällt dir auf, dass die Kerze immer heller wird, je langsamer und sorgsamer du dich bewegst ... Hier im Land der Träume brennt deine Kerze nur aus, wenn du dich schnell bewegst ... Mit Ruhe und Übersicht ... mit Interesse und Neugier auf deine Gedanken und auf deine Gefühle brennt sie ewig weiter ... und wird mit jedem ruhigen Schritt heller ...

Erschöpfung, Burnout (2)

Jetzt ist es an der Zeit, eine ganz tiefe Entspannung zu finden ... tiefer als jemals vorher ... Du gehst immer tiefer in dich hinein ... so als könntest du in dir selbst versinken ... Du lässt alle Gedanken los ... und stellst dir vor, wie schön dass sein wird, sobald es dir vollkommen gelingt, dich selbst als wichtig zu betrachten ... dich selbst in den Mittelpunkt deiner Fürsorge zu stellen ... dich ganz um dich selbst zu kümmern und es zu genießen, dein bester Beschützer zu sein ... Ist es nicht beachtlich, wie leicht es dir gelingt, diesen Gedanken aufzubauen? ... und ebenso erstaunlich ist es, dass zwischen einem Gedanken und einer Handlung nur eine einzige Sekunde sein muss ... Sobald du einen Gedanken gefunden hast oder einen Entschluss gefasst hast, kannst du handeln ... Du machst dir in diesem Augenblick vollkommen klar, dass du längst einen Entschluss gefasst hast ... Du hast entschieden, dich selbst ernst zu nehmen ... für deine Gesundheit einzutreten ... gut für dich zu sorgen ... Also brauchst du nicht mehr als eine einzige Sekunde, um nach deinem Entschluss zu handeln ... Du tust ab sofort einfach das, was erforderlich ist, um Wahrheit aus deinem Entschluss zu machen ... um Auszeit zu nehmen und ruhiger zu werden ... genau so wie jetzt ... Jetzt, in genau diesem Augenblick kannst du spüren, dass du innerlich schon viel ruhiger geworden bist ... Dein Körper liegt still da, er bewegt sich nur noch ganz wenig ... fast gar nicht mehr ... Sicherlich weißt du, dass körperliche Bewegung und innere Ruhe direkt zusammen hängen ... Je ruhiger du innerlich bist, umso ruhiger wird auch dein Körper und umso langsamer deine Bewegungen ... so wie jetzt ... Umgekehrt funktioniert es ganz genau so ... Wenn dein Körper langsamer wird, weil du ihn zur Ruhe kommen lässt, wird auch dein inneres Gefühl ruhiger ... so wie jetzt ... und je mehr du dich auf diese Entspannung konzentrierst, umso tiefer geht sie ... Du hast entschieden, dir selbst wichtig zu sein ... genau das tust du gerade, denn du nimmst dir diese Zeit nur für dich und deine Entspannung ...

... Es ist, als ob du nun tief schlafen willst ... immer tiefer in der Unterlage versinkst, auf der du liegst ... wie auf einem ganz weichen Kissen ... wie auf Wolken gebettet ... sinkst du immer tiefer in dich hinein ... so tief, dass du meine Worte immer leiser wahrnimmst ... So ist es gut ... Zeit nur für dich, denn du bist wichtig ... Zeit nur für dich, denn du willst zur Ruhe kommen ... Zeit nur für dich, denn du willst gesund werden/bleiben ... Zeit nur für dich ... nur für dich ... Du spürst den tiefen Wunsch in dir, immer wieder in diese ruhige und angenehme Position zu kommen, schneller noch als jetzt ... Wie schön kann es sein, sobald es dir gelingt, ganz schnell in diesen herrlichen Zustand der Entspannung zu kommen und dich damit ganz um dich selbst zu kümmern ... Wirklich erstaunlich, dass genau das möglich ist ...

Essstörungen, Bulimie (1)

Du denkst häufig darüber nach, warum es so gekommen ist, dass du diese Essattacken so oft hattest und dann so unendlich viel in dich hinein stopfst ... Kurze Zeit später erbrichst du dann und willst das ganze Essen schon wieder loswerden ... Manchmal denkst du, dass du nicht zu dick werden willst oder dass du schon zu dick bist und das lieber kontrollieren willst, indem du erbrichst ... Dann wieder suchst du nach einer Antwort, warum das überhaupt so ist ... warum du das nicht ändern kannst, nicht aufhören kannst mit dem Erbrechen ... Manchmal auch kotzt dich alles an ...
Eine besondere Frage willst du heute klären ... warum du die Essanfälle hast ...
... Du stellst dich auf eine innere Reise ein ... eine Reise in ein weit entferntes Land, das gleichzeitig ganz nah ist ... das Land deiner Träume ... Fühle den Rhythmus deiner Atmung und folge ihm ... Mit dem Wind deines Atems verlässt du deine Gedanken und gehst in das Land der Träume ...
Du stehst vor dem Eingang einer Höhle und voller Vertrauen, fast wie von selbst, gehst du hinein ... Drinnen bemerkst du, dass es eine wunderschön funkelnde Eishöhle ist, doch erstaunlich warm und angenehm ist es in dieser Höhle ... Du findest festen Halt auf dem Boden und kannst ganz sicher auf ihm gehen ... Die Wände funkeln und strahlen wunderschön weiß, mit einem Schimmer von blau ... Das dicke Eis an den Wänden ist glasklar, so dass du tief in die Eisschicht hinein sehen kannst, wie in einen ganz tiefen Spiegel ...
Du folgst dem Gang der Höhle, der kurvig in den Berg hinein führt, bis du einen Raum erreichst ... einen großen runden Raum in der Eishöhle, auch der ist wunderbar warm ... Hier im ewigen Eis bleibt alles erhalten ... Hier kann nichts verloren gehen ... Du bist in der Höhle deiner Wünsche ... Alle Wünsche deines Lebens findest du hier, die erfüllten und die unerfüllten ...
In diesem Raum findest du nun die erfüllten Wünsche deiner Kindheit ... Gegenstände und Bilder deiner Wünsche sind wie Denkmäler im Eis der Wände eingefroren ... Es sieht aus wie ein wunderschönes und ganz einzigartiges Museum mit vielen Vitrinen ... Deine Vitrinen bestehen aus ewigem Eis der Wände ... Du siehst vielleicht Spielsachen, die du dir einst ge-

wünscht und auch bekommen hast ... Kleidungsstücke, die du hattest ...
vielleicht ein Musikinstrument ... oder dein altes Fahrrad ... was auch immer für dich so wichtig war und was du tatsächlich bekommen hast, findest du hier ... Du schaust dich um in der Höhle und genießt es, die alten
Sachen hier wieder zu entdecken ...

Dann gehst du weiter und kommst in den nächsten Raum ... Es ist der
Raum der unerfüllten Wünsche ... Alle Menschen, mit denen und von denen du dir einst etwas erwünscht hast, das du nicht bekommen hast, sind
wie Wachsfiguren eingefroren ... Du siehst sie an ... Vielleicht bist du von
der einen oder andere Person sogar überrascht, weil du sie hier gar nicht
vermutet hättest ... weil du gar nicht wusstest, dass du an sie unerfüllte
Wünsche hast ... Langsam fallen dir deine Wünsche dann wieder ein, vielleicht auch ein ganz besonderer Wunsch, der nicht erfüllt wurde ...

Du näherst dich einer großen Vitrine aus purem Eis, die größte, die du hier
finden kannst ... Du gehst ganz nach heran, das Eis ist glasklar, du kannst
hindurch sehen ... In dieser Vitrine findest du einen ganz besonderen unerfüllten Wunsch deines Lebens ... Es ist genau der Wunsch, der am meisten
dazu beigetragen hat, dass die Essattacken entstanden sind ... Du siehst
jetzt ein Bild dieses Wunsches ... Du siehst in dieser glasklaren Vitrine, was
dich dazu gebracht hat, diese Essanfälle zu entwickeln ...

Lass das Bild wirken ... Nimm es einfach an, auch dann, wenn du von dem,
was du siehst oder denkst, überrascht sein solltest ... Nimm die Bilder jetzt
an ... Du siehst deine eigene Wahrheit in der glasklaren Eisvitrine ...

Eine Träne läuft dir übers Gesicht und fällt auf den Boden ... Dort friert sie
zu einem Eistropfen, der golden glänzt ... Deine Träne soll als Erinnerung
in diesem Raum bleiben ... Du aber gehst weiter und lässt die Vergangenheit hinter dir ...

Du nimmst die Eindrücke der Bilder mit, um sie bald noch besser zu verstehen, um etwas Gutes für dich daraus entstehen zu lassen ... Du verlässt
die Höhle und stehst in der Sonne ... Du kannst jetzt alles ändern, weil du
weißt, womit du dich beschäftigen musst ... Jetzt wird alles anders ...

Essstörungen, Bulimie (2)

Du überlegst, warum es genau so laufen musste, dass du diese Essattacken so oft hattest und dann so riesige Mengen in dich hinein gestopft hast ... Kurze Zeit später erbrichst du dann immer wieder und willst das ganze Essen schon wieder loswerden ... Manchmal denkst du, dass du nicht zu dick werden willst oder dass du schon zu dick bist und das lieber kontrollieren willst, indem du alles wieder los wirst ... und vielleicht sind es noch ganz andere Gefühle oder Erinnerungen, die du immer wieder zu schlucken versuchst und dann hoch würgst ... Dann wieder suchst du nach einer Antwort, warum das überhaupt so ist ... warum du das nicht ändern kannst, nicht aufhören kannst mit dem vielen Essen und anschließenden Erbrechen ... Manchmal auch widert dich das alles an ...

Eine besondere Frage willst du heute klären ... was dir fehlt, um nun endlich damit aufzuhören ...

... Du stellst dich auf eine innere Reise ein ... eine Reise in ein weit entferntes Land, das gleichzeitig ganz nah ist ... das Land deiner Träume ... Fühle den Rhythmus deiner Atmung und folge ihm ... Mit dem Wind deines Atems verlässt du deine Gedanken und gehst in das Land der Träume ...

Du stehst vor dem Eingang einer Höhle und voller Vertrauen, fast wie von selbst, gehst du hinein ... Drinnen bemerkst du, dass es eine wunderschön funkelnde Eishöhle ist, doch erstaunlich warm und angenehm ist es in dieser Höhle ... Du findest festen Halt auf dem Boden und kannst ganz sicher auf ihm gehen ... Die Wände funkeln und strahlen wunderschön weiß, mit einem Schimmer von blau ... Das dicke Eis an den Wänden ist glasklar, so dass du tief in die Eisschicht hinein sehen kannst, wie in einen ganz tiefen Spiegel ...

Du folgst dem Gang der Höhle, der kurvig in den Berg hinein führt, bis du einen Raum erreichst ... einen großen runden Raum in der Eishöhle, auch der ist wunderbar warm ... Hier im ewigen Eis bleibt alles erhalten ... Hier kann nichts verloren gehen ... Du bist in der Höhle deiner Kraft ... Alle Ereignisse deines Lebens, in denen du Kraft hattest, findest du hier ... In diesem Raum findest du alle Erinnerungen an Situationen, in denen du als Kind wirklich Kraft brauchtest und sie auch gefunden hast ... Gegenstände

und Bilder deiner Erinnerung sind wie Denkmäler im Eis der Wände einge-
froren ... Es sieht aus wie ein wunderschönes und ganz einzigartiges Muse-
um mit vielen Vitrinen ... Deine Vitrinen bestehen aus ewigem Eis der
Wände ... Du siehst vielleicht Situationen deiner Kindheit, wie in einem
Wachsfigurenkabinett ... vielleicht in der Familie ... oder draußen bei
Freunden ... oder im Kindergarten ... in der Schule ... oder an ganz anderen
Orten, die in deiner Kindheit so wichtig waren ... Alles ist hier ... Alles ist
hier ... Die Kraft von damals ist die Kraft von heute ...

Dann gehst du weiter und kommst in den nächsten Raum ... Es ist der
Raum der Jugendzeit ... Gegenstände und Bilder deiner Erinnerung sind
wie Denkmäler im Eis der Wände eingefroren ... Es sieht aus wie ein wunderschönes und ganz einzigartiges Museum mit vielen Vitrinen ... Deine
Vitrinen bestehen aus ewigem Eis der Wände ... Du siehst vielleicht Situationen deiner Jugend, wie in einem Wachsfigurenkabinett ... vielleicht in der
Familie ... oder draußen bei Freunden ... oder in der Schule ... oder an ganz
anderen Orten, die in deiner Kindheit so wichtig waren ... Alles ist hier ...
Alles ist hier ... Die Kraft von damals ist die Kraft von heute ...

Dann näherst du dich einer großen Vitrine aus purem Eis, die größte, die
du hier finden kannst ... Du gehst ganz nah heran, das Eis ist glasklar, du
kannst hindurch sehen ... In dieser Vitrine findest du eine ganz besondere
Kraft-Situation ... vielleicht aus deiner Kindheit ... oder aus deiner Jugendzeit ... Du siehst in dieser glasklaren Vitrine, die Kraft, die dir helfen kann,
endlich mit dem Ess-Brech-Rhythmus aufzuhören ... Lass das Bild wirken
... Nimm es einfach an, auch dann, wenn du von dem, was du siehst oder
denkst, überrascht sein solltest ... Nimm die Bilder jetzt an ... Du siehst deine eigene Wahrheit in der glasklaren Eisvitrine ... Eine Träne läuft dir übers
Gesicht und fällt auf den Boden ... Dort friert sie zu einem Eistropfen, der
golden glänzt ... Deine Träne soll als Erinnerung in diesem Raum bleiben ...
Du aber gehst weiter und lässt die Vergangenheit hinter dir ...

Du nimmst die positive Kraft der Bilder mit, um sie bald noch besser zu
verstehen, um etwas Gutes für dich daraus entstehen zu lassen ... Du verlässt die Höhle und stehst in der Sonne ... Du kannst jetzt alles ändern,
denn du hast die notwenige Kraft gefunden ... Jetzt wird alles anders ...

Gelassenheit (1)

Du hast erkannt, dass Sorgen wie ein Bremsschuh sind, der dich aufhält in deinem Leben ... Du willst innerlich frei leben, ohne Existenzsorgen und ohne dir über alles Gedanken zu machen ... Du willst dein Leben mit konstruktiver Gelassenheit verbringen und mit dem Vertrauen, das Richtige zu tun und zu erleben ... ruhig bleiben und gelassen bleiben, das sind deine Ziele ...

Um das heute schon zu erreichen, gehst auf eine innere Reise auf die wunderschöne Zauberwiese ... Hier ist der magische Ort, an dem du dir alle Wünsche erfüllen kannst und wirklich die Gelassenheit finden kannst, die du schon so lange suchst, dieses tiefe Vertrauen in das Leben ... Du kannst deine Entspannung fühlen ... Deine Entspannung kann sogar noch tiefer werden, wenn du denkst, es sollte noch gemütlicher sein und noch friedlicher auf deiner Zauberwiese ...

Dann hörst du Wasser rauschen, ganz sanft und leise, doch gleichzeitig klar und deutlich ... Du gehst ein paar Schritte über die Zauberwiese und kommst zu einem Wasserfall ... wunderschönes, klares und reines Wasser strömt über diesen Wasserfall in einen glitzernden See ... Du gehst in das flache Wasser des Sees und stellst dich vor den Wasserfall, um deine Hände in das herab strömende Wasser zu halten ...

Dann plötzlich fließen Buchstaben mit dem Wasser in den See ... einzelne Buchstaben, die sich zu Silben zusammensetzen und schließlich zu Wörtern ... Du erkennst das Wort Stille ... Überall kannst du es sehen ... Es fließt hundertfach mit dem Wasser in den See ... Stille, Stille, Stille ... wohin du auch siehst ... Du lässt das Wort Stille wirken ... Du streckst die Hände in den Wasserfall und lässt das angenehme Wasser mit dem Wort Stille über deine Hände fließen ... und immer, wenn ein Wort deine Hand berührt, spürst du, wie seine Bedeutung tief in dich hinein fließt, ganz tief in deine Emotionen ... Stille, Stille, Stille ... Dann wird das Wasser wieder klar und rein ... Stille wirkt nun tief in dir ...

Als nächstes erkennst du das Wort Hoffnung ... Immer wieder fließt es mit dem Wasserfall in den See ... zu hunderten und tausenden ... Hoffnung, Hoffnung, Hoffnung ... Du lässt das Wort Hoffnung wirken ... Du streckst die Hände in den Wasserfall und lässt das angenehme Wasser mit dem Wort Hoffnung über deine Hände fließen ... und immer, wenn ein Wort deine Hand berührt, spürst du, wie seine Bedeutung tief in dich hinein fließt, ganz tief in deine Emotionen ... Hoffnung, Hoffnung, Hoffnung ... Dann wird das Wasser wieder klar und rein ... Stille wirkt nun tief in dir ... Neue Wörter fließen im Wasser ... Du erkennst das Wort Zuversicht ... Immer wieder fließt es mit dem Wasser in den See ... zu hunderten und tausenden ... Zuversicht, Zuversicht, Zuversicht ... Du lässt das Wort Zuversicht wirken ... Du streckst die Hände in den Wasserfall und lässt das angenehme Wasser mit dem Wort Zuversicht über deine Hände fließen ... und immer, wenn ein Wort deine Hand berührt, spürst du, wie seine Bedeutung tief in dich hinein fließt, ganz tief in deine Emotionen ... Zuversicht, Zuversicht, Zuversicht ... ... Dann wird das Wasser wieder klar und rein ... Zuversicht wirkt nun tief in dir ...

Wieder strömen neue Wörter mit dem Wasser in den See ... Du erkennst das Wort Gelassenheit ... Immer wieder fließt es mit dem Wasser in den See ... immer wieder und wieder fällt es mit dem Wasser des Wasserfalls herab ... zu hunderten und tausenden ... immer und immer wieder Gelassenheit, Gelassenheit, Gelassenheit ... Du lässt das Wort Gelassenheit wirken ... Du streckst die Hände in den Wasserfall und lässt das angenehme Wasser mit dem Wort Gelassenheit über deine Hände fließen ... und immer, wenn ein Wort deine Hand berührt, spürst du, wie seine Bedeutung tief in dich hinein fließt, ganz tief in deine Emotionen ... Gelassenheit, Gelassenheit, Gelassenheit ... ... Dann wird das Wasser wieder klar und rein ... Gelassenheit wirkt nun tief in dir ...

Dann gehst du ans Ufer des Sees und legst dich in die Sonne ... Du ruhst dich aus ... Du gönnst dir ein warmes Sonnenbad und träumst dabei immer wieder von diesen Worten, die so gut tun ... Stille ... Hoffnung ... Zuversicht ... Gelassenheit ... Stille ... Hoffnung ... Zuversicht ... Gelassenheit ... Stille ... Hoffnung ... Zuversicht ... Gelassenheit ...

Gelassenheit (2)

Du willst heute ruhiger und gelassener werden, nicht alles so ernst und verbittert betrachten ... ... Es gibt Gedanken, die sehr oft da sind und dich in Stress oder Unruhe versetzen ... ... andere kommen vielleicht sporadisch ... ... wieder andere wechseln sich ab und dennoch stört dich das ständige Denken ... ... Du hast diesen tiefen Wunsch nach Stille ... ... danach, Gedanken einfach einmal loslassen zu können ... ... Du träumst davon, deine Gedanken einfach auf die Reise zu schicken ... ... mit den Wolken ziehen zu lassen und die Seele baumeln zu lassen ... ... fünf gerade sein lassen und locker bleiben, das ist dein Wunsch ... ... dein Wunsch nach wirklicher Gelassenheit ... ... und genau den Wunsch kannst du dir auch erfüllen ... ... Du kannst ihn dir genau jetzt erfüllen ... ...

Du schaust in den Himmel und siehst kleine weiße Wolken, die vorüber ziehen ... ... vom Wind getrieben und auf die Reise geschickt ... ... Alle Wolken ziehen an dir vorbei ... ... Sie müssen weiter ziehen, denn der Wind trägt sie einfach davon ... ... Es geschieht ganz von alleine ... ... So können auch deine Gedanken und deine Gefühle von dir weg ziehen ... ... wie ganz selbstverständlich ... ... getrieben vom Wind ... ...

Du findest einen schönen Platz in der Sonne und machst es dir gemütlich ... ... Du legst dich hin ... ... vielleicht in eine Hängematte ... ... oder auf eine Decke ... ... oder einfach ins grüne Gras ... ... ganz wie es dir gefällt ... ... so wie du es am liebsten magst ... ... Dann schaust du nach oben in den hellblauen Himmel und siehst die kleinen weißen Wolken ... ... Du kannst den Wind hören, der die Wolken treibt ... ... Er schiebt sie vor sich her als wolle er sie verjagen ... ...

Und mit jedem Atemzug ... ... mit jedem Ausatmen ... ... schickst du einen Gedanken in die Wolken, die ihn mitnehmen ... ... Jede kleine weiße Wolke, die vorüber zieht, nimmt einen deiner Gedanken mit ...

... Lass deine Gedanken einfach mit den Wolken weiter ziehen ... ...

Zuerst atmest du die Unruhe aus ... ... die Gedanken, die dich am meisten in Aufruhr versetzen ... ... die dich immer wieder beschäftigen ... ... Du atmest all diejenigen Gedanken aus, die dich am meisten belastet haben in der letzten Zeit ... ... die dich am meisten in Unruhe versetzt haben ... ... Die Wolken tragen sie fort ... ... Du kannst den Wolken hinterher schauen, um dich zu versichern, dass deine Unruhe auch wirklich in diesem Moment fort getragen wird ... ...

Dann atmest du die innere Getriebenheit aus ... ... dieses Gefühl, gehetzt zu sein, als wärest du auf der Flucht ... ... Heute willst du Gelassenheit finden ... ... also atmest du alle störenden Gedanken und Gefühle einfach aus ... ... Die kleinen weißen Wolken nehmen sie mit auf die Reise ... ... weit weg von dir ... ...

Du siehst den Wolken hinterher und genießt die Stille ... ... Du bist einfach da ... ... verweilst im Augenblick ... ... lässt die Seele baumeln und verlierst jetzt alle Gedanken ... ... Du genießt die Ruhe ... ... und gleichzeitig spürst du die Gelassenheit, die nun tatsächlich in dir aufkommt und stärker wird ... ... Wirklich erstaunlich, wie ruhig du schon geworden bist ... ... wie ruhig auch dein Körper geworden ist ... ... auch das zeigt, dass du innerlich gelassener geworden bist ... ...

Glaubenssätze loslassen, allgemein (1)

*Die folgende Anwendung kann ohne Tranceeinleitung gemacht werden und wirkt daher umso nachdrücklicher. Es wird eine Beinkatalepsie (Unbeweglichkeit des ausgestreckten Beines) eingerichtet, die einen festgefahrenen Glaubenssatz symbolisiert. Die Umkehrung der Katalepsie steht als Symbol für die Befreiung von eingefahrenen Gedanken. Natürlich kann das Ganze auch nach einer ausführlichen Tranceeinleitung gemacht werden, doch empfehle ich, gerade darauf zu verzichten, weil die funktionierende Katalepsie ohne (vorbereitete) Hypnose mehr Eindruck hinterlässt. Geübte Hypnotiseure wissen: Katalepsie funktioniert auch **ohne** Hypnose, doch wenn es funktioniert **ist** es Hypnose! Den folgenden Text können sie wahrscheinlich nicht so einfach vorlesen, wie alle anderen. Ich möchte sie trotzdem ermuntern, diese Variante einmal auszuprobieren. Es kommt nicht auf Formulierungen an, sondern auf die Vorgehensweise. Sie müssen also nicht jedes Wort auswendig lernen.*

Ich möchte dir einmal zeigen, dass dein Glaube ... *[Hier den aufzulösenden Glaubenssatz einbauen]* ... nur ein eingefahrener Glaubenssatz sind. Ein Glaubenssatz, den du loslassen kannst. Jetzt ist es an der Zeit, das alte Gedankemuster abzulegen. Es hat ausgedient. Du aber glaubst, dass die Gedanken nicht so einfach weggehen. Ich behaupte nun, dass sie vor allem geblieben sind, weil du dir nicht richtig vorstellen kannst, dass sie verschwinden können. Wahrscheinlich kannst du dir auch nicht vorstellen, dass du dein Bein nicht mehr anheben könntest, weil du dir plötzlich einbildest, dass es nicht mehr geht. Also gut. Ich möchte dir etwas zeigen, was dir dein eigenes Denken demonstrieren kann. Das Denken tief in dir drin. Das unbewusste Denken. Doch auch das kannst du beeinflussen. Ich helfe dir dabei.

Konzentriere dich jetzt auf dein rechtes Bein. Spüre dein rechtes Bein ganz bewusst. Nun stell dir einmal vor, dass dieses Bein immer länger wird. Es streckt sich immer länger. Das rechte Bein wird zwei Meter lang, drei Meter lang. Immer länger. Stell es dir vor. Dein Bein wird fünf Meter lang, zehn Meter lang. Immer länger. Es wird sogar hundert Meter lang. Dabei wird es immer fester und stabiler. Je länger es wird, umso fester wird dein Bein auch. Dein Bein wird zweihundert Meter lang. Einen Kilometer. Dein Bein streckt sich, wird immer länger, zehn Kilometer lang ist dein Bein. Es bohrt sich durch die Stadt. Und jetzt stell dir einmal vor, dass dein Bein immer fester wird, je länger es wird und lass es noch länger werden. Stell dir vor, dass jeder Versuch, dein Bein anzuheben, sofort dazu führt, dass es noch einen Kilometer länger wird. Und fester. Sobald du versuchen würdest, dein rechtes Bein anzuheben, wird dein rechtes Bein noch länger und fester. Du versuchst jetzt einmal, dein Bein anzuheben, und dein Bein streckt sich. Noch einmal. Versuch, dein Bein anzuheben, und dein Bein streckt sich. Versuch es noch einmal und dein Bein wird noch länger und fester. Versuch es noch einmal. Dein Bein bleibt fest. Du kannst nicht beides gleichzeitig machen. Bewegen und fester werden geht nicht. Dein Glaube, dass dein Bein immer länger und fester wird, hält es fest. Wenn ich dir nun sage, dass das nicht stimmt, dass du nur zwei unvereinbare Dinge miteinander verbunden hast, kannst du dir einfach einmal vorstellen, dass dein Bein beim nächsten Versuch es zu bewegen sofort ganz kurz und beweglich wird. Dein Bein ist beweglich. Du musst es nur wissen. Dein Bein ist vollkommen beweglich. Bewege dein Bein.

*Erklären sie ihrem Klienten, dass es sich mit seinem Gedankenmuster ähnlich verhält. Er glaubt, dass es da ist und dass es so viel Macht hat. Dass er es nicht beeinflussen kann. Wiederholen sie die Übung und lassen sie den Klienten selbst sprechen. Er soll immer wieder sagen: „Mein Bein wird länger und fester". Lassen sie ihn selbst einige Male sagen: „Wenn ich mein Bein bewegen will, wird es noch fester". Er soll es dann versuchen. Wahrscheinlich führt es zunächst wieder zur Katalepsie, die er dann selbst auflösen soll, indem er sagt: „Ich **kann** und **werde** jetzt mein Bein **bewegen**, denn es **ist** beweglich!"*

Glaubenssätze loslassen, allgemein (2)

Die folgende Anwendung gehört zu den somato-emotionalen Therapietechniken. Eine innere Veränderung soll direkt körperlich nachempfunden werden. Hierzu gibt es eine Vielzahl an Möglichkeiten. Ich zeige hier eine Variante, bei der der Klient aktiv mitarbeitet, indem er seinen störenden Glaubenssatz ins Bewusstsein ruft und dann für einige Sekunden die Luft anhält. Dann folgt ein gezieltes langes Ausatmen mit der assoziativen Vorstellung, den Glaubenssatz loszulassen. Das Ausatmen nach dem Luftanhalten wird als „befreiend" erlebt, was symbolisch für die innere Befreiung steht. Eine etwas ungewöhnliche Methode, doch bitte probieren Sie diese aus! Sie könnten von der Wirkung überrascht sein!

Du kennst deine innere Glaubenshaltung, die du loslassen willst ... ... Du weißt, dass du immer von dem Gefühl/Gedanken gesteuert warst ... ... *[Hier den Glaubenssatz einfügen!]* ... ... oftmals ohne es zu merken ... ... Heute lässt du diese Glaubenshaltung los ... ... Heute machst du dich davon frei ... ... Stell dir deinen Glaubenssatz ganz intensiv vor ... ... so als wäre er vor dir auf einem riesigen Plakat geschrieben ... ... *[Hier den Glaubenssatz einfügen!]* ... ... gut so ... ... und noch deutlicher genau so ... ... ganz deutlich ... ... Stell dir vor, dass die Schrift mit jedem Einatmen noch deutlicher wird ... ... Je tiefer du einatmest, umso deutlicher wird dieser Glaube ... ... *[Hier den Glaubenssatz einfügen!]* ... ... und wenn du ihn stärker machen kannst durch das Einatmen, kannst du ihn auch auslöschen durch das Ausatmen ... ... Du atmest den alten Irrglauben einfach aus ... ... Atme jetzt ganz tief ein ... ... so tief du kannst und halte die Luft an ... ...

... ... [Motivieren Sie den Klienten notfalls, noch einmal tiefer einzuatmen, wenn er flach atmet. Das kann bei innerer Unsicherheit vorkommen. Achten Sie dann darauf, dass er nicht zu lange die Luft anhalten muss. Gerade so lange, dass es unangenehm aber noch auszuhalten ist. vertrauen Sie Ihrem Gefühl] ... ...

Und jetzt atme ganz langsam und lange aus ... ... so weit du kannst und lass den alten Glauben dabei los ... ... gut so ... ... Lass es aus dir raus fließen ... ... Befreie dich mit dem Ausatmen ... ... sehr gut ... ...

Glaubenssatz loslassen (2)
„Ich bin schuldig"

Die folgende Variante eines Hypnosehauptteils arbeitet mit einer eher kurzen und prägnanten Suggestion, die auch als Affirmation außerhalb der Hypnose benutzt werden kann. Der Hypnosehauptteil ist bewusst sehr kurz gewählt, um die Affirmation ganz deutlich zu machen und als Grundaussage zu etablieren, als neuen Glaubenssatz. Vorteil der Hypnose besteht sicherlich darin, dass die Affirmation leichter vom Klienten angenommen wird als im wachbewussten Zustand. Allerdings sollte diese Hypnose nicht als erste Sitzung dienen, sondern eingebracht werden, wenn der Klient bereits einen gewissen Verarbeitungsprozess durchgemacht hat und dem Glaubenssatz bereits offener gegenüber steht als es ein verzweifelter Kranker oder Suchender zu Beginn einer Psychotherapie tut. Das müssen sie als Therapeut/in entscheiden.

Du kennst dieses Gefühl, das dir einredet, du hättest immer die Verantwortung. Dann hast du immer gedacht, dass es deine Schuld wäre, wenn etwas nicht erfüllt oder erledigt ist. Dein schlechtes Gewissen hat sich dann immer gemeldet, du hast dir selbst immer und immer wieder die Schuld gegeben. Damit soll jetzt aber Schluss sein. Denn du bist nicht schuldig. Du sagst also zu dir selbst:

Ich bin und bleibe unschuldig. Das, was ich getan habe und so wie ich es getan habe, war das, was ich tun konnte. Ich habe meine Verantwortung getragen und lasse jetzt los. Ich bin und bleibe unschuldig.

Die Affirmation kann auch noch einmal wiederholt werden. Wenn sie damit arbeiten, Klienten in Trance auch sprechen zu lassen, können sie den Satz auch gemeinsam mit dem Klienten sprechen.

Glaubenssatz loslassen (3)

„Ich bin wertlos"

Die folgende Variante eines Hypnosehauptteils arbeitet mit einer eher kurzen und prägnanten Suggestion, die auch als Affirmation außerhalb der Hypnose benutzt werden kann. Der Hypnosehauptteil ist bewusst sehr kurz gewählt, um die Affirmation ganz deutlich zu machen und als Grundaussage zu etablieren, als neuen Glaubenssatz. Vorteil der Hypnose besteht sicherlich darin, dass die Affirmation leichter vom Klienten angenommen wird als im wachbewussten Zustand. Allerdings sollte diese Hypnose nicht als erste Sitzung dienen, sondern eingebracht werden, wenn der Klient bereits einen gewissen Verarbeitungsprozess durchgemacht hat und dem Glaubenssatz bereits offener gegenüber steht als es ein verzweifelter Kranker oder Suchender zu Beginn einer Psychotherapie tut. Das müssen sie als Therapeut/in entscheiden.

Du kennst dieses Gefühl, das dir einredet, du wärst klein und bedeutungslos. Schon früh in deinem Leben, in deiner Kindheit, hast du gehört, dass du nichts wert wärest oder dass du ein Nichts wärest. Du weißt schon lange, dass es anders ist, dass du wertvoll bist und das du es auch wert bist, geliebt zu werden. Doch diese Haltung ist bisher nur in deinem Verstand stabil. Heute willst du sie auch in deinem Gefühl verankern. Du sagst also zu dir selbst:

Ich bin ein wertvoller Mensch und ich bin es wert,
geliebt zu werden. Ich schenke mir Liebe von mir für mich
und öffne mich der Liebe anderer Menschen.

Die Affirmation kann auch noch einmal wiederholt werden. Wenn sie damit arbeiten, Klienten in Trance auch sprechen zu lassen, können sie den Satz auch gemeinsam mit dem Klienten sprechen.

Glaubenssatz loslassen (4)

„Meine Krankheit ist eine Strafe"

Die folgende Variante eines Hypnosehauptteils arbeitet mit einer eher kurzen und prägnanten Suggestion, die auch als Affirmation außerhalb der Hypnose benutzt werden kann. Der Hypnosehauptteil ist bewusst sehr kurz gewählt, um die Affirmation ganz deutlich zu machen und als Grundaussage zu etablieren, als neuen Glaubenssatz. Vorteil der Hypnose besteht sicherlich darin, dass die Affirmation leichter vom Klienten angenommen wird als im wachbewussten Zustand. Allerdings sollte diese Hypnose nicht als erste Sitzung dienen, sondern eingebracht werden, wenn der Klient bereits einen gewissen Verarbeitungsprozess durchgemacht hat und dem Glaubenssatz bereits offener gegenüber steht als es ein verzweifelter Kranker oder Suchender zu Beginn einer Psychotherapie tut. Das müssen sie als Therapeut/in entscheiden.

Du hast dich oft gefragt, warum du diese Krankheit bekommen hast. Manchmal hast du auch gefragt: Warum gerade ich? Hast dich gefühlt, als wärest du vom Schicksal oder von Gott ungerecht behandelt worden ... oder sogar bestraft worden ... Deine Krankheit als Bestrafung ... Du hast dich inzwischen damit auseinandergesetzt und weißt, dass es keine Strafe ist. Es gibt kein warum. Du kannst aber fragen wozu ... Wozu kann ich meine Situation jetzt nutzen? ... Du sagst also zu dir selbst:

Ich nehme die Krankheit mit all ihren Belastungen als Herausforderung an. Ich weiß, dass ich diese Situation nutzen werde, um mich selbst besser kennen zu lernen und einen guten Heilungsweg zu gehen.

Die Affirmation kann auch noch einmal wiederholt werden. Wenn sie damit arbeiten, Klienten in Trance auch sprechen zu lassen, können sie den Satz auch gemeinsam mit dem Klienten sprechen.

Heilzeichenhypnose (1)

Die folgende Variante eines Hypnosehauptteils arbeitet mit der Visualisierung eines Heilzeichens. Der Text ist so geschrieben, dass ein individuelles Heilzeichen eingebaut werden kann, das nach verschiedenen Systemen ermittelt werden kann. Die Hypnose kann eine Ergänzung zu den gängigen Techniken der Heilzeichenbehandlung sein. Als Vorbereitung ist es erforderlich, bereits mit einem Heilzeichen, das visualisiert werden soll, gearbeitet zu haben. Der Klient sollte es nicht nur gesehen haben, sondern sollte es so gut kennen, dass er es sich korrekt vorstellen kann. Selbstverständlich kann es sich um ein komplexes Zeichen oder auch um ein sehr einfaches Zeichen handeln, das dem Klienten möglicherweise als entstörendes, verstärkendes oder mit anderer Intention versehenes Zeichen aufgemalt wurde.

Tief in dir gibt es einen magischen Ort ... einen Ort, an dem die heilende Kraft auf dich wartet ... Heilung ist das, was du gerade am meisten suchst ... Heute kannst du den magischen Ort der Heilung finden ... tief in deiner Fantasie ... tief in deiner Kreativität ... Konzentriere dich auf deinen Atem ... Du kannst ihn hören ... Er klingt wie der Wind, und so kannst du dir vorstellen, dass ein leichter Wind weht, der dich sanft, wie auf Wolken gebettet, in das magische Land der Heilung bringt ...

Du bist an einem Ort, den du am meisten mit der Kraft der Erde verbindest ... vielleicht hoch in den Bergen ... oder auf einem Felsen in der Meeresbrandung ... oder tief im Urwald ... vielleicht auch an einem ganz anderen Platz, den nur du kennst ... Der Platz der heilenden Zeichen ... Du machst es dir bequem ... so richtig bequem, so bequem, dass du denkst, bequemer geht es gar nicht mehr ... Schau dir deine Umgebung an ... Lass ein Bild entstehen und nimm es ganz tief in dir auf ... Lass die Umgebung, die in deiner Fantasie entsteht, zu deiner Wahrheit werden ...

Du schaust nach oben in den Himmel ... Du siehst einen klaren, hellblauen Himmel ... vielleicht ein paar Wolken ... Die Sonne scheint ... Da bemerkst du am Himmel zwischen den Wolken etwas, das aussieht wie eine Schrift ... Du siehst genauer hin und erkennst dein Heilzeichen ... Du kennst das besondere Heilzeichen, das ich dir gegeben/gezeigt/aufgemalt habe ...

Genau dieses Zeichen siehst du oben am Himmel, als wäre es dort eingeprägt worden ... dein Zeichen am Himmel des magischen Landes ... Dann beginnt es langsam zu regnen ... Du siehst kleine Regentropfen vom Himmel fallen ... Sie tropfen neben dir auf den Boden und auf deine Haut ... Dann bemerkst du, dass es keine Wassertropfen sind ... Es sind kleine Zeichen, die vom Himmel regnen ... Du siehst dein Heilzeichen ... wie kleine Regentropfen fällt es überall vom Himmel, dein Heilzeichen ... Und dieses Zeichen wird größer ... Du kannst es überall am Himmel deutlich lesen ... wie Regen fallen die Zeichen vom Himmel, überall dein Heilzeichen ... wohin du auch siehst ... Du stehst auf und gehst ein paar Schritte ... Du blickst zu Boden und siehst es überall liegen ... wohin du auch gehst ... Dein Heilzeichen erfüllt das gesamte Land der magischen Heilung ...

Du legst dich auf den Boden und spürst, wie angenehm warm er ist ... Du lässt dein Heilzeichen auf dich regnen und spürst, wie gut es sich anfühlt ... Du wirst ganz zugedeckt von diesem wunderbaren und heilsamen Zeichen ... Dann schläfst du ein und lässt dein Heilzeichen ganz tief in deinen Körper fließen ... in dein Unterbewusstsein ... in deine Seele ... ganz tief ...

Heilzeichenhypnose (2)

Die folgende Variante eines Hypnosehauptteils arbeitet mit der Visualisierung eines Heilzeichens. Der Text ist so geschrieben, dass ein individuelles Heilzeichen eingebaut werden kann, das nach verschiedenen Systemen ermittelt werden kann. Die Hypnose kann eine Ergänzung zu den gängigen Techniken der Heilzeichenbehandlung sein. Als Vorbereitung ist es erforderlich, bereits mit einem Heilzeichen, das visualisiert werden soll, gearbeitet zu haben. Der Klient sollte es nicht nur gesehen haben, sondern sollte es so gut kennen, dass er es sich korrekt vorstellen kann. Selbstverständlich kann es sich um ein komplexes Zeichen oder auch um ein sehr einfaches Zeichen handeln, das dem Klienten möglicherweise als entstörendes, verstärkendes oder mit anderer Intention versehenes Zeichen aufgemalt wurde.

Tief in deinem Inneren gibt es den Platz der Klarheit ... An diesem Platz gibt es nur weißes, reines Licht ... Du stehst an diesem Platz und siehst überall um dich herum nur Licht ... Lass diese Vorstellung ganz deutlich werden ... weißes Licht um dich herum ... nur Licht überall ... Tauche ganz ein in die Vorstellung von reinem weißen Licht und vollkommener innerer Freiheit ...
Der Boden unter deinen Füßen scheint gläsern ... du kannst durch ihn hindurch sehen ... unendlich weit in die Tiefe ... Doch auch dort siehst du nur angenehmes, weißes Licht ... Du schaust nach oben und siehst auch über dir nur Licht ... Es ist überall ... hell und klar und sehr angenehm ... Es hüllt dich ein und schenkt dir Klarheit und Offenheit ... Du siehst vor dir eine gläserne Wand ... Du kannst durch sie hindurch blicken und siehst auch hinter der Wand nur Licht ... Wunderschön ist es am Platz der Klarheit ... so rein ... so frei ... so hell und klar ... so deutlich ...Du schaust noch einmal auf die Wand vor dir ... Dort erscheint langsam eine Schrift in dicken deutlichen Kon-

turen, die immer deutlicher werden ... Du kannst die Schrift erkennen ... Du kannst sie deutlich lesen ... An der gläsernen Wand vor dir, am Platz der Klarheit, steht dein persönliches Heilzeichen ... das Zeichen, das dir zurzeit am meisten helfen kann ... *[Hier bitte die gewählte Heilzeichen nennen, wenn es eine Bezeichnung dafür gibt oder etwas Zeit lassen, damit sich der Klient das Zeichen, das er ja kennt, vorstellen kann.]*
...
Lass die Kraft des Zeichens einfach in dich hinein fließen ... Lass es ihre Wirkung entfalten und schenke dir selbst Ruhe und Achtsamkeit ... Ruhe und Achtsamkeit ... Umarme dich innerlich selbst und spüre die Wirkung des Zeichens, das du an der gläsernen Wand vor dir sehen kannst ... Du siehst es deutlich ... deutlicher als je zuvor ... *[Hier bitte die gewählte Heilzeichen nennen, wenn es eine Bezeichnung dafür gibt oder etwas Zeit lassen, damit sich der Klient das Zeichen, das er ja kennt, vorstellen kann.]* ....

Ich bevorzuge es, den Hauptteil mit der Visualisierung der Heilzahl zu beenden und dann direkt zur Ausleitung überzugehen. Natürlich können sie den gesamten Text auch in einen längeren Hauptteil einbauen.

Heilzeichenhypnose (3)

Die folgende Variante eines Hypnosehauptteils arbeitet mit einem Anker in Form eines handlichen Zettels mit aufgedrucktem Heilzeichen. Das kann eine beschriftete Visitenkarte sein oder ähnliches. Die Karte wird vorbereitet und dem Klienten in die Hand gegeben. Er kann sie während der Hypnose locker in der Hand halten oder auf seinen Körper legen, beispielsweise auf das Sonnengeflecht (Solarplexus). Die Karte soll er nach der Hypnose bei sich tragen, in der Hosen- oder Jackentasche.

Du hast das Ziel, nun wieder ganz gesund zu werden ... Du hast beschlossen, dass du die notwendigen Behandlungen machst und dass du mit Hilfe deines Heilzeichens das Gesundwerden unterstützen willst ... Du hast verstanden, dass du es bist, der Wahrheit aus deinen Absichten machen muss ... Du weißt, dass du selbst es bist, der deinen Erfolg macht ... und du bist bereit dazu ... Du bist bereit, alles zu geben, was notwendig ist, um deinen Heilungsprozess zu unterstützen und deinem Inneren zu helfen, gesund zu werden ... Du hast das Potenzial dazu ... und du hast dein spezielles Heilzeichen ...
Doch du willst mehr ... Du willst jederzeit und in vollem Umfang über deine Eigenschaften und Fähigkeiten auch verfügen können ... Du willst dein inneres Potenzial entfalten, um gesund zu werden und dauerhaft gesund zu bleiben ...
Du kennst dein Heilzeichen ... *[Hier bitte die gewählte Heilzeichen nennen, wenn es eine Bezeichnung dafür gibt oder etwas Zeit lassen, damit sich der Klient das Zeichen, das er ja kennt, vorstellen kann.]* ... Es ist dein persönliches Heilzeichen, das Zeichen, das du jetzt am besten gebrauchen kannst, um schneller gesund zu werden und um gesund zu bleiben ... *[Hier bitte die gewählte Heilzeichen nennen, wenn es eine Be-*

zeichnung dafür gibt oder etwas Zeit lassen, damit sich der Klient das Zeichen, das er ja kennt, vorstellen kann.] ... Du prägst die dir gut ein ... Du hast diese Karte mit genau dieser Aufschrift, auf der Karte steht deine Heilzeichen ...

Du spürst jetzt diese innere Kraft, die immer größer in dir wird ... Du weißt, dass du alles schaffen kannst ... dein Wille und deine Bereitschaft werden mit jedem Atemzug größer und mit jedem Atemzug wird es deutlicher ...

Die Karte zeigt es dir jeden Tag ... Sie zeigt dir dein Heilzeichen, das du immer bei dir tragen kannst ... Es hilft dir, jeden Tag stärker zu werden und schließlich gesund zu werden ... Sobald auch nur der geringste Zweifel in dir aufkommen mag, nimmst du sofort die Karte in die Hand und schaust dir das Zeichen noch einmal genau an ... Dann spürst du sofort die Wirkung, du spürst, dass das deine Wahrheit ist ... Du wirst gesund und bleibst gesund ...

Die Karte zeigt es dir jeden Tag ... Sie zeigt dir deine eigene Einstellung, die du immer bei dir tragen kannst ... Sie hilft dir über schwierige Momente hinweg ... Sobald auch nur der geringste Zweifel in dir aufkommen mag, nimmst du sofort die Karte in die Hand und betrachtest dein Heilzeichen ... *[Hier bitte die gewählte Heilzeichen nennen, wenn es eine Bezeichnung dafür gibt oder etwas Zeit lassen, damit sich der Klient das Zeichen, das er ja kennt, vorstellen kann.]* ... Dann spürst du sofort die Wirkung, du spürst, dass das deine Wahrheit ist ...

Heilzeichenhypnose (4)

Die vierte Variante der Heilzeichentrance nutzt ein physiologisches Phänomen, das darin besteht, dass wir beim Schließen der Augen ein Abbild dessen noch sehen, was wir unmittelbar vorher visuell wahrgenommen haben. Das fällt uns im Alltag nur auf, wenn wir Gegenstände oder Konturen vor einem sehr hellen Hintergrund anschauen oder sehr stark auf einen Gegenstand starren. Schließen wir beispielsweise beim Fernsehen die Augen, so können wir die rechteckige Form des Bildschirms genau erkennen. Dieses Phänomen bleibt mehrere Sekunden lang erhalten. Wenn wir uns stark darauf konzentrieren und suggestiv nachgeholfen wird, kann die Wahrnehmung dieses Abbildes länger aufrecht gehalten und natürlich für eine Hypnose genutzt werden. Für diese Technik bereiten wir das Heilungszeichen des Klienten vor, indem wir es mit einem Drucker schwarz und sehr dick auf ein weißes Blatt drucken. Ich empfehle ein weißes Blatt in Größe A5. Kurz vor dem Hauptteil machen wir eine Fraktionierung und lassen den Klienten etwa eine Minute lang auf das Blatt starren. Sorgen sie dafür, dass es gut beleuchtet ist, das verstärkt den visuellen Effekt. Dann soll er die Augen wieder schließen und das Abbild des Zeichens mit geschlossenen Augen betrachten. Ich beginne den text mit der Fraktionierung.

Ich zähle nun gleich bis drei, dann kannst du die Augen öffnen ... Du bleibst auch mit geöffneten Augen im Zustand der Entspannung ... Wenn ich dir dann sage, dass du die Augen wieder schließen sollst, kannst du sie einfach wieder zu machen ... Eins ... Zwei ... Drei ... Öffne die Augen ... *[Geben sie dem Klienten nun den Zettel mit dem aufgedruckten Heilungszeichen in die Hand.]* ...
Betrachte nun dieses Zeichen ... Schau es ganz bewusst an ... Bleibe mit deinem Blick auf dem Zeichen, das du siehst ... Du kannst es

ganz deutlich erkennen ... Starre einfach auf das Blatt vor deinen
Augen ... gut so ... So ist es richtig ... Schau einfach auf das Zeichen ...
es ist ganz leicht ... Du musst nichts erfüllen ... nur auf das Blatt
schauen ...

Du kannst die Augen nun schließen ... Lass das Blatt einfach fallen
und geh wieder ganz tief in die Entspannung ... Mit geschlossenen
Augen kannst du das Zeichen jetzt immer noch sehen ... Wirklich
erstaunlich, dass du das Zeichen noch so gut erkennen kannst, nicht
wahr? ... wirklich erstaunlich ... Lass es wirken ... Lass es einfach wirken ... genau so ... genau so ... Betrachte das Zeichen vor deinem inneren Auge, solange du es noch erkennen kannst ... Das genügt
schon ...

Hypnotiseur werden (1)

Du hast eine Hypnoseausbildung gemacht und willst nun Hypnose für Klienten anbieten, willst als Coach oder Therapeut, als Lebensbegleiter für deine Klienten da sein und dein Wissen und Können anwenden ... Wie gut, dass schon bald so viele Menschen von deinen Fähigkeiten und von deiner Erfahrung profitieren können ... Du hast die Gelegenheit, anderen zu zeigen, was du kannst und ihnen damit zu helfen ... Du findest heute den Mut, auch tatsächlich anzufangen ... Hierzu stellst du dich innerlich auf, hierzu machst du dir klar, welche Fähigkeiten und Eigenschaften du am besten gebrauchen kannst, um ein guter Hypnotiseur zu sein ... um mit Mut und Freude deinem ersten Klienten zu begegnen und einen schönen Erfolg aus diesem Kontakt zu machen ...

Als Hypnotiseur arbeitest du mit Suggestionen, die manchmal aus einzelnen Worten bestehen, die besonders betont oder aufgeladen werden ... Worte, die du in deiner Sprache hervorhebst, wirken stärker, das weißt du ... Ich nenne dir also einige Worte, die eine besondere Bedeutung haben, die sich dir besonders einprägen und besonders stark ihre Wirkung entfalten ... vor allem, weil du sie dir selbst besonders deutlich vorstellst und einprägst, denn du weißt ja, wie das geht ...

Als erstes geht es um das Wort „Ruhe", denn Ruhe ist sehr hilfreich ... Jetzt, in genau diesem Augenblick hilft dir die Ruhe, dich zu entspannen und dir alles genau vorzustellen ... als Hypnotiseur hilft dir die gleiche Ruhe, deinen Klienten in einen angenehmen Zustand zu begleiten ... Lass vor deinem inneren Auge ein Bild davon entstehen ... Betrachte, wie dein Klient aufgrund deiner ruhigen Ausstrahlung und deiner ruhigen und bedachten Vorgehensweise wie von alleine in Trance geht ... Erkenne, dass das vor allem mit deiner ruhigen Ausstrahlung zu tun hat ... Lass dieses Bild deiner ruhigen Ausstrahlung in Ruhe wirken ... in aller Ruhe ...

Als nächstes ist da das Wort „Achtsamkeit", denn auch die kannst du gut gebrauchen ... Wenn du sehr achtsam und aufmerksam bist, viel mehr zuhörst als du redest, erkennst du wie von selbst, um welche Probleme es geht und welche Lösungen du anbieten kannst ... Stell dir jetzt vor deinem inneren Auge vor, wie du selbst aufmerksam und achtsam bist und dein

Klient sich immer mehr öffnet, immer mehr Vertrauen findet und sich geborgen fühlt ...

Das dritte Wort lautet „Kompetenz", denn deine Kompetenz ist das, was du beim Umsetzen der Hypnose brauchst ... Deine Klienten profitieren von deinen Fähigkeiten und deiner Erfahrung, eben von deiner Kompetenz ... Du machst dir klar, dass du tatsächlich sehr viel kannst und sehr viel weißt und besser noch, dass tatsächlich viele Menschen von deinen Erfahrungen profitieren werden ... dass tatsächlich viele Menschen von deinen Fähigkeiten lernen können ... Du hast diese Kompetenz ... Du hast sie ... Du bist ein guter Hypnotiseur, ein guter Berater und sogar ein guter Therapeut ...

Dann gibt es noch das Wort „Gelassenheit", denn auch die kannst du gut gebrauchen ... Was auch immer anspruchsvoll werden könnte, betrachtest du einfach als Herausforderung, selbst daraus zu lernen und dann ein noch viel besserer Hypnotiseur zu werden ... Du gehst mit dir selbst gelassen um, auch mit kleinen Fehlern, die du vielleicht machst, denn sie machen dich menschlich und zeigen Größe ... Du stellst dir vor deinem inneren Auge vor, wie du mit Charme und Witz über kleine Pannen hinweggehst und sie weglächelst ... Du nutzt sie sogar um genau darüber zu lachen und mit Freude weiter zu machen ... Das ist es, was dich auszeichnet, dass genau du gelassen bleiben kannst ...

So hörst du noch einmal die Worte und prägst sie dir ganz tief ein, denn du weißt, dass du all das bereits besitzt ... Ruhe ... Achtsamkeit ... Kompetenz ... Gelassenheit ... Sie prägen sich dir ganz tief ein ... Ruhe ... Achtsamkeit ... Kompetenz ... Gelassenheit ... nur diese zählen, und du hast sie ... Ruhe ... Achtsamkeit ... Kompetenz ... Gelassenheit ... Du freust dich auf deine Klienten ... Ruhe ... Achtsamkeit ... Kompetenz ... Gelassenheit ... Du freust dich auf deine Praxis ... Ruhe ... Achtsamkeit ... Kompetenz ... Gelassenheit ... Du rufst deine Fähigkeiten genau so ab Ruhe ... Achtsamkeit ... Kompetenz ... Gelassenheit ...

Hypnotiseur werden (2)

Du willst Hypnotiseur (Hypnosetherapeut) werden ... Du hast dieses Ziel ... doch genau genommen bist du das doch schon ... Du hast eine Hypnoseausbildung gemacht und weißt genau, wie das geht ... .wie du das machen musst, wenn du einem Menschen mit Hypnose helfen willst ... Du willst nun Hypnose für Klienten anbieten, willst als Coach oder Therapeut, als Lebensbegleiter für deine Klienten da sein und dein Wissen und Können anwenden ... Wie gut, dass schon bald so viele Menschen von deinen Fähigkeiten und von deiner Erfahrung profitieren können ... Du hast die Gelegenheit, anderen zu zeigen, was du kannst und ihnen damit zu helfen ... Du findest heute den Weg, auch tatsächlich anzufangen ... Hierzu stellst du dich innerlich auf, hierzu machst du dir klar, welche Fähigkeiten und Eigenschaften du längst hast, um ein guter Hypnotiseur zu sein ... um mit Mut und Freude deinem ersten Klienten zu begegnen und einen schönen Erfolg aus diesem Kontakt zu machen ...

Als Hypnotiseur arbeitest du mit Suggestionen, die manchmal aus einzelnen Worten bestehen, die besonders betont oder aufgeladen werden ... Worte, die du in deiner Sprache hervorhebst, wirken stärker, das weißt du ... Ich nenne dir also einige Worte, die eine besondere Bedeutung haben, die sich dir besonders einprägen und besonders stark ihre Wirkung entfalten ... vor allem, weil du sie dir selbst besonders deutlich vorstellst und einprägst, denn du weißt ja, wie das geht ...

Als erstes geht es um das Wort „Können", denn das Können, deine fachlichen Fähigkeiten, sind sehr hilfreich ... Lass vor deinem inneren Auge ein Bild davon entstehen ... Betrachte, wie dein Klient aufgrund deiner Fähigkeiten und deiner sorgfältigen Vorgehensweise wie von alleine in Trance geht ... Erkenne, dass du diese Eigenschaften und Fähigkeiten bereits in dir trägst ...

Als nächstes ist da das Wort „Achtsamkeit", denn auch die kannst du gut gebrauchen ... Wenn du sehr achtsam und aufmerksam bist, viel mehr zuhörst als du redest, erkennst du wie von selbst, um welche Probleme es geht und welche Lösungen du anbieten kannst ... Stell dir jetzt vor deinem inneren Auge vor, wie du selbst aufmerksam und achtsam bist und dein

Klient sich immer mehr öffnet, immer mehr Vertrauen findet und sich geborgen fühlt ...

Das dritte Wort lautet „Routine", denn deine Routine ist das, was du beim Umsetzen der Hypnose brauchst ... Deine Klienten profitieren von den Wegen, von den Texten und Suggestionen, die du einstudiert hast ... Dir kommen sie oft einfach und wenig kreativ vor, weil du sie schon so oft benutzt hast ... Du machst dir klar, dass es aber gerade diese konstruktive Routine ist, die deinen Klienten zugute kommt ... Du hast diese Routine längst ... Du hast sie ... Du bist ein guter Hypnotiseur, ein guter Berater und sogar ein guter Therapeut ...

Dann gibt es noch das Wort „Gelassenheit", denn auch die kannst du gut gebrauchen ... Was auch immer anspruchsvoll werden könnte, betrachtest du einfach als Herausforderung, selbst daraus zu lernen und dann ein noch viel besserer Hypnotiseur zu werden ... Du gehst mit dir selbst gelassen um, auch mit kleinen Fehlern, die du vielleicht machst, denn sie machen dich menschlich und zeigen Größe ... Du stellst dir vor deinem inneren Auge vor, wie du mit Charme und Witz über kleine Pannen hinweggehst und sie weglächelst ... Du nutzt sie sogar um genau darüber zu lachen und mit Freude weiter zu machen ... Das ist es, was dich auszeichnet, dass genau du gelassen bleiben kannst ...

So hörst du noch einmal die Worte und prägst sie dir ganz tief ein, denn du weißt, dass du all das bereits besitzt ... Können ... Achtsamkeit ... Routine ... Gelassenheit ... Sie prägen sich dir ganz tief ein ... Können ... Achtsamkeit ... Routine ... Gelassenheit ... nur diese zählen, und du hast sie ... Können ... Achtsamkeit ... Routine ... Gelassenheit ... Du freust dich auf deine Klienten ... Können ... Achtsamkeit ... Routine ... Gelassenheit ... Du freust dich auf deine Praxis ... Können ... Achtsamkeit ... Routine ... Gelassenheit ... Du rufst deine Fähigkeiten genau so ab ... Können ... Achtsamkeit ... Routine ... Gelassenheit ...

Konflikte austragen (1)

Du bereitest dich heute auf das Austragen eines Konfliktes vor, auf einen anstehenden Streit oder eine Verhandlung ... Du weißt, dass eine gute Vorbereitung besonders wichtig ist ... Du hast dich äußerlich vorbereitet ... Doch heute geht es um die innere Vorbereitung, denn die ist besonders wichtig ... Die heutige Vorbereitung hilft dir, deine eigene Position im Konflikt immer wieder zu sehen und zu behaupten, um deine Ansprüche durchzusetzen ...

Du packst dir hierzu deinen Konfliktkoffer ... deinen ganz persönlichen Konfliktkoffer ... Er liegt vor dir, ein stabiler Koffer, der seinen Inhalt gut schützt, sodass du jederzeit unversehrt darauf zugreifen kannst, wenn du etwas aus diesem Koffer brauchst ... Wähle den stabilsten Koffer, den du dir vorstellen kannst ... vielleicht aus stabilem Kunststoff ... oder aus Aluminium ... wähle ihn so, wie er dir am stabilsten erscheint ...

Öffne nun den Koffer ... Er ist vollkommen leer ... Du fängst gleich an, ihn zu befüllen ... mit deinen eigenen Fähigkeiten, mit deinem Potenzial ... mit all deiner Erfahrung ... Hierzu packst du fünf besondere Gegenstände in deinen Koffer ...

Wähle zuerst einen Gegenstand oder ein Symbol für dein Wissen ... Wissen ist Macht ... Wissen schafft Vorsprung ... Dein Wissen ist ein wichtiger Schlüssel zum Erfolg ... Wirklich erstaunlich, wie viel Wissen du tatsächlich besitzt ... Entscheide dich jetzt für einen Gegenstand, der dieses Wissen repräsentiert ... Lege diesen Gegenstand in den Koffer ... Sobald du den Koffer schließt und mitnimmst, steht dir dein Wissen jederzeit vollständig und schnell zur Verfügung ...

Wähle nun einen Gegenstand oder ein Symbol für deine Erfahrung ... Erfahrung gibt Sicherheit ... Erfahrung bedeutet Flexibilität ... Deine Erfahrung ist ein wichtiger Schlüssel zum Erfolg ... Wirklich erstaunlich, wie viel Erfahrung du im Umgang mit Streit und Konflikten tatsächlich besitzt ... Entscheide dich jetzt für einen Gegenstand, der diese Erfahrung repräsentiert ... Lege diesen Gegenstand in den Koffer ... Sobald du den Koffer schließt und mitnimmst, steht dir deine Erfahrung jederzeit vollständig und schnell zur Verfügung ...

Wähle als nächstes einen Gegenstand oder ein Symbol für Selbstsicherheit im Konflikt ... ... Dein Auftreten ist das Auftreten einer selbstsicheren Person ... Selbstsicherheit überzeugt andere ... Selbstsicherheit ist ein wichtiger Schlüssel zum Erfolg ... Wirklich erstaunlich, wie viel Selbstvertrauen und wie viel Selbstsicherheit, die daraus entstanden ist, du tatsächlich besitzt ... Entscheide dich jetzt für einen Gegenstand, der Selbstsicherheit repräsentiert ... Lege diesen Gegenstand in den Koffer ... Sobald du den Koffer schließt und mitnimmst, steht dir Selbstsicherheit jederzeit vollständig und schnell zur Verfügung ...

Wähle jetzt einen Gegenstand oder ein Symbol für deine Rednerkunst ... ... Rednerkunst ist die besondere Begabung, die zählt ... Rednerkunst überzeugt andere und dich selbst ... Deine Rednerkunst ist ein wichtiger Schlüssel zum Erfolg ... Wirklich erstaunlich, wie viel Rednerkunst du tatsächlich besitzt ... Entscheide dich jetzt für einen Gegenstand, der diese Rednerkunst repräsentiert ... Lege diesen Gegenstand in den Koffer ... Sobald du den Koffer schließt und mitnimmst, steht dir deine Rednerkunst jederzeit vollständig und schnell zur Verfügung ...

Wähle als nächstes einen Gegenstand oder ein Symbol für Erfolg ... Erfolg ist dein Ziel ... Erfolg ist dein Ziel ... Ganz bemerkenswert, wie oft du schon erfolgreich warst, wie viel Erfolgspotenzial du besitzt ... Entscheide dich jetzt für einen Gegenstand, der Erfolg repräsentiert ... Lege diesen Gegenstand in den Koffer ... Sobald du den Koffer schließt und mitnimmst, ist dein Erfolg sicher ...

Konflikte austragen (2)

Bei der hier vorgestellten Technik wird der Arm des Klienten als Trigger für das Gefühl des Mutes und des Konfrontationswillens benutzt. Der Arm des Klienten wird vom Therapeuten hoch gehalten, wobei ihm suggeriert wird, dass der Arm sehr beweglich ist. Das sollte überprüft werden, denn es kommt darauf an, zu testen, ob der Klient bei der Idee des Armes als Signalgeber auch mit seiner inneren Glaubenshaltung mitgehen wird.

Halten sie hierzu den Arm des Klienten am Handgelenk fest und ziehen sie ihn locker nach oben, ohne den Arm zu überstrecken. Suggerieren sie, dass der Arm weich wie Gummi oder Pudding wird und testen sie die Wirkung der Suggestion durch Bewegen oder Schütteln des Armes. Unterstellen sie dann eine Steigerung der Konfliktbereitschaft, die beim Loslassen des Armes eintreten wird bzw. sobald dieser auf der weichen Unterlage landet.

Dein rechter Arm wird jetzt ganz beweglich und ganz weich ... wie Gummi ... Sobald ich deinen Arm anhebe, lässt du ihn ganz locker ... so locker wie Gummi ... Helfe mir nicht dabei ... Lass einfach los ... Ich ergreife jetzt deinen Arm, der ganz locker wird ... genau so ...

[Arm etwas bewegen oder schütteln, um zu kontrollieren, ob er wirklich ganz locker gehalten wird] ...

Wenn ich nun gleich deinen Arm auf die weiche Unterlage fallen lasse, dann wird das automatisch dazu führen, dass die Kraft, die du brauchst, um dich dem besprochenen Konflikt zu stellen, sofort zur Verfügung steht ... Schon beim Ankommen deines Armes auf der Unterlage wirst du spüren, dass das Gefühl des Mutes und der Wille zur Klärung ganz deutlich sind ...

Sobald ich deinen Arm loslasse und er nach unten auf die weiche Unterlage fällt, hast du alles ... wirklich alles, was du brauchst, um dich erfolgreich dem besprochenen Konflikt zu stellen ...

[Arm loslassen und auf die Unterlage fallen lassen. Achten sie darauf, dass er sanft fällt, also nicht aus zu großer Höhe. Der Klient soll das als angenehm erleben.] ...

Gut so! Genau so ist es richtig! Dein Unterbewusstsein hat dir bereits geholfen ... Du spürst jetzt schon den Mut ... die Stärke ... den Willen zur Konfrontation ... Jetzt ist die Zeit gekommen, deinen Konflikt zu klären ... genau jetzt ...

Konflikte austragen (3)

Du hast beschlossen, dich endlich durchzusetzen ... deine Meinung und deinen Willen ganz nach vorne zu stellen ... Du weißt, dass eine gute Vorbereitung besonders wichtig ist, wenn du dich zukünftig und in ganz bestimmten Situationen besser durchsetzen willst ... Du hast dich sicherlich vielfältig vorbereitet, hast gelernt, wie das geht, unnachgiebig zu sein und auch einmal stur ... auf deinen Zielen und Absichten zu beharren .... Doch heute geht es um die ganz tiefe innere Vorbereitung, denn die ist besonders wichtig ... Die heutige Vorbereitung hilft dir, tatsächlich das durchzusetzen, was du erreichen willst ... fest auf deinem Standpunkt zu stehen und ihn selbstsicher und mutig zu vertreten ...

Dazu malst du ein großes Plakat, das dich an alle deine guten und hilfreichen Fähigkeiten erinnert und sie wach hält ... dein ganz persönliches Plakat ... Es liegt vor dir, vollkommen weiß und noch leer, denn du selbst wirst es zeichnen ... Du füllst es mit deinen tiefen Fähigkeiten, die du genau heute entdeckst oder wieder findest ...

Du beginnst genau jetzt damit, das Plakat mit Symbolen oder Zeichen zu versehen ... mit deinen eigenen Fähigkeiten, mit deinem Potenzial ... mit all deiner Erfahrung ... vielleicht mit den besten Tipps und Tricks für dein neues Durchsetzungsvermögen ... Hierzu zeichnest du fünf besondere Symbole oder Zeichen auf dein Plakat ...

Wähle als erstes ein Symbol oder Zeichen für dein Selbstvertrauen ... Selbstvertrauen bedeutet Macht ... Selbstvertrauen schafft Vorsprung ... Dein Selbstvertrauen ist ein wichtiger Schlüssel zum Erfolg ... Wirklich erstaunlich, wie viel Selbstvertrauen tief in dir wartet und genau jetzt wieder wach wird ... Entscheide dich jetzt für ein Symbol oder ein Zeichen, das dieses besonders starke Selbstvertrauen darstellt ... Zeichne es auf dein persönliches Plakat ... immer wenn du dein Plakat anschaust oder es bei dir trägst, steht dir dein starkes Selbstvertrauen jederzeit vollständig und schnell zur Verfügung ... Wähle nun ein Symbol für deinen Mut ... Mut gibt Sicherheit ... Mut bedeutet, auch Rückschläge einstecken zu können und noch einmal nach vorne zu gehen ... Dein Mut ist ein wichtiger Schlüssel zu deinem neuen Durchsetzungsvermögen ... zu deiner neuen Kraft ... Wirklich beachtlich, wie viel Mut du tatsächlich schon besitzt ... Entscheide dich jetzt für ein Symbol, das diesen Mut darstellt, damit er noch stärker wird ... Zeichne das Symbol auf dein persönliches Plakat ... Immer wenn du dein Plakat anschaust oder es bei dir trägst, steht dir dein neuer und starker Mut jederzeit vollständig und schnell zur Verfügung ...

Wähle als nächstes ein Symbol für deine Ausstrahlung ... Deine Ausstrahlung ist die Ausstrahlung von Stärke und konstruktiver Härte ... Deine Ausstrahlung begeistert deine Mitmenschen ... Deine Ausstrahlung ist ein wichtiger Schlüssel zum Erfolg ... Wirklich erstaunlich, wie viel Ausstrahlung du tatsächlich besitzt ... Entscheide dich jetzt für ein Symbol, das diese Ausstrahlung darstellt ... Zeichne das Symbol auf dein persönliches Plakat ... Immer wenn du dein Plakat anschaust oder es bei dir trägst, steht dir deine sichere Ausstrahlung jederzeit vollständig und schnell zur Verfügung ...

Wähle als nächstes ein Symbol oder ein Zeichen für Erfolg ... Erfolg ist dein Ziel ... Erfolg ist dein Ziel ... Ganz bemerkenswert, wie oft du schon erfolgreich warst, wie viel Erfolgspotenzial du besitzt ... Entscheide dich jetzt für ein Symbol, das Erfolg darstellt ... Zeichne das Symbol auf dein persönliches Plakat ... Immer wenn du dein Plakat anschaust oder es bei dir trägst, steht dir deine Erfolgskraft zur Verfügung ... Jeden Tag schaust du dein Plakat vor deinem inneren Auge an ... und immer trägst du es bei dir ... ab sofort ... ab sofort ...

Muskelverspannungen (1)

Du weißt, dass Sorgen und Stress sich auch im Körperlichen zeigen, dass die Muskeln verspannen, wenn es zuviel wird, und häufig merken wir erst, dass es zuviel geworden ist, wenn der Körper sich deutlich meldet ... Dann können wir mit Massagen entgegen wirken, um wider zu entspannen oder mit einem Entspannungsbad ... auch eine Trance hilft bei der Entspannung ... So gut und entspannt wie du dich jetzt fühlst, kannst du dir umso besser vorstellen, dass dieses innere Gefühl auch deinen Körper zur Ruhe kommen lässt ... Belastungen des Alltags, unsere Sorgen und Ängste, unsere Aufgaben und Pflichten sind wie ein schwerer Rucksack, den wir immer tragen ...

Jetzt ist es Zeit, diesen Rucksack einmal zu leeren, damit es leichter wird ... Morgen kannst du ihn wieder mitnehmen und neu befüllen, doch jetzt machst du ihn leer ... Schritt für Schritt ...

Stell dir vor, du stehst ganz oben auf einem Berg und hast einen schweren Rucksack deiner Belastungen dort hoch getragen ... Du trägst diesen Rucksack deiner Aufgaben, deiner Pflichten, deiner Sorgen und Ängste, den Rucksack mit den besonderen Belastungen deines Lebens jeden Tag mit nach oben ... Jetzt stehst du am Gipfel, weil deine tägliche Arbeit getan ist ... Setz deinen Rucksack ab und stell ihn vor dich ... Deine Schultern werden damit schon leichter und fühlen sich schon viel bequemer an ... Du hast den Rucksack des Tages jetzt abgestellt ... Damit entspannen sich deine Schultern schon deutlich ... Öffne den Rucksack und schau nach, was du darin findest ... In deinem Rucksack sind drei schwere Kugeln ... schwere Kugeln, so schwer wie Blei, wie Beton ... Du nimmst sie einzeln aus dem Rucksack ...

Die erste Kugel, die du aus dem Rucksack heraus nimmst, ist die Kugel deiner Arbeit ... Du kennst deine Arbeitsstelle und die besonderen Belastungen dort, du weißt, was du dort schon alles erledigt hast ... Manches hat vielleicht reibungslos funktioniert, anderes mag schwierig und holprig gewesen sein, manches ist vielleicht auch schief gegangen ... Du nimmst diese Kugel deiner Arbeit und lässt sie ins Tal rollen ... Dabei spürst du eine deutliche Entspannung deines Körpers ... Je deutlicher du dir die rollende

Kugel vorstellst, umso besser kannst du auch spüren, dass dein Körper jetzt diese Belastungen der Arbeit loslässt und sich entspannt ... Jetzt ruhst du dich aus ... Dein Körper löst jetzt seine Spannung und kommt zur Ruhe ...

Die zweite Kugel, die du aus dem Rucksack heraus nimmst, ist die Kugel der Belastungen deines Zuhauses ... Du kennst diese Belastungen, vielleicht in der Familie oder mit der Wohnsituation ... Manches kannst du vielleicht lösen, andere Belastungen sind möglicherweise noch lange Zeit da, und du kannst sie nicht stoppen, sondern musst immer wieder mit ihnen umgehen ... Du nimmst diese Kugel deiner Belastungen und lässt sie ins Tal rollen ... Je deutlicher du dir die rollende Kugel vorstellst, umso besser kannst du auch spüren, dass dein Körper jetzt diese Belastungen deines Zuhauses loslässt und sich entspannt ... Dein Körper löst jetzt seine Spannung und kommt zur Ruhe ...

Die dritte Kugel, die du aus dem Rucksack heraus nimmst, ist die Kugel der Beziehungen ... Du kennst die Beziehungen, die dich belasten, die immer wider besondere Anstrengungen mit sich bringen ... Sie strengen auch deinen Körper an ... Doch jetzt soll sich dein Körper erholen ... richtig loslassen und entspannen ... Du nimmst diese Kugel deiner Beziehungen und lässt sie ins Tal rollen ... Je deutlicher du dir die rollende Kugel vorstellst, umso besser kannst du auch spüren, dass dein Körper jetzt diese Belastungen der Beziehungen loslässt und sich entspannt ... Dein Körper löst jetzt seine Spannung und kommt zur Ruhe ... Dein Rucksack ist nun leer ... Für heute hast du die Belastungen einmal abgelegt und dein Körper kann sich erholen ...

Du legst dich am Gipfelkreuz in die Sonne und genießt die Ruhe ... Die Sonne geht langsam unter ... es ist Zeit, ins Tal zu gehen ... runter zu kommen ... Also fährst du jetzt bequem mit der Seilbahn ins Tal ... Je tiefer die Seilbahn dich bringt, umso mehr findest du auch tiefe Ruhe und angenehme Entspannung ... Die Seilbahn fährt immer tiefer ins Tal ... immer tiefer ... und du entspannst dich immer tiefer ... Du hast diesen leichten und vollkommen leeren Rucksack bei dir ... Jetzt ruhst du dich aus ... Jetzt ruhst du dich aus ...

Muskelverspannungen (2)

Stell Du Dir vor, zwischen Deinen Schulterblättern gäbe es in Deinem Körper eine rote Kugel … … so groß etwa wie ein Tennisball … … Diese Kugel aus reiner Energie bringt Wärme und Entspannung in Deinen Körper … … Sie dreht sich … … sie rotiert um die eigene Achse … … und dabei gibt sie Wärme ab … … wohltuende Wärme … … sodass Deine Schulterblätter sich langsam entspannen … … Vielleicht spürst Du es schon … … Die Energiekugel der Entspannung rotiert zwischen Deinen Schulterblättern … … Und langsam dehnt sie sich aus und mit ihr ihre wohltuende Wirkung … … Die Kugel der angenehmen Energie und Wärme wird größer und größer und rotiert immer weiter zwischen Deinen Schulterblättern … … Sie wärmt Deine Schultern und strahlt diese Wärme bis in den Kopf hinein … … Die rotierende Energiekugel ist schon so groß geworden, dass sie Deine Schultergelenke erreicht … … Deine Schultergelenke entspannen sich durch ihre Drehung … … und durch die Wärme … … die angenehme Energie … … Deine Schultern entspannen sich immer tiefer und tiefer … … Die rotierende Kugel der Energie wird so groß, dass sie Deine Oberarme erreicht … … Und mit jeder einzelnen Umdrehung … … mit jeder Drehung der roten Energiekugel entspannen Deine Schultern und fühlen sich besser an … … angenehmer und wohler … … mit jeder Drehung etwas wohler … … Dein ganzer Rücken wird von der Wärme erfasst und von der Entspannung … … Dein ganzer Rücken wird angenehm warm und locker … … Die Muskeln lockern sich mit der Drehung der Energiekugel in Deinem Körper, zwischen Deinen Schultern … … Dein Nacken wird von der Kugel berührt und auch Dein Kopf … … Auch Dein Nacken spürt die Wärme und Entspannung … … diese angenehme und wohltuende Wärme … … Dein Nacken fühlt sich schon viel besser an … … Dein Kopf wird entlastet … … und ruht auf der Unterlage
… … Alles wird mit Wärme angefüllt … … Das ist wie ein ganz intensives Entspannungsbad mit einer gleichzeitigen Massage … … wohltuend und gut … … Du stellst Dir diese rotierende Kugel vor … … Ihre Achse geht durch Deinen Körper und dieser große rote Ball dreht sich ständig wie ein Kreisel und gibt eine wohltuende und angenehme Wärme an Dich ab … …

Und all die Gründe für Deine Anspannungen … … all das, was sich dort in Deinen Schultern abgelagert hatte, wird mitgenommen … … Mit jeder Drehung nimmt die Energiekugel etwas von Dir weg … … Sie dreht sich und nimmt den heutigen Tagesstress weg … … Sie dreht sich wieder und trägt alle ungelösten Probleme weg … … Sie dreht sich noch einmal und bringt alle Pläne und Überlegungen weg … … Sie dreht sich erneut und bringt alle Termine weg … … Noch einmal dreht sich die Kugel und bringt alle Pflichten und Aufgaben weg, die Du heute noch erledigen wolltest … … Mit jeder weiteren Drehung bringt die Kugel eine vergangene Belastung von Dir weg … … Und vielleicht fragst Du Dich ja, wo die Energiekugel all die abgelagerten und nun gelösten Blockaden und Belastungen hinbringt … … Nun, sie nimmt diese störenden Dinge tief in sich auf und schließt sie fest ein … … Und so dreht sich diese Energiekugel weiter, um Deinen Körper noch mehr zur Ruhe kommen zu lassen … … um Deine Schultern und Deinen Nacken mit einer angenehmen Wärme zu versorgen … …

… … Dann ergreifst Du die Kugel mit beiden Händen und legst sie neben Dich … … Du legst die Energiekugel, die all Deine Belastungen und Belagerungen durch Stress und Sorgen enthält, direkt neben Dich … … So fühlst Du Dich frei und leicht … … viel leichter als vorher … … denn alles, was Dich belastet hat, ist ja nun in der Kugel … … Dein Nacken fühlt sich schon viel besser an … … und auch Deine Schultern … … Du spürst noch die Wärme und lässt sie immer intensiver werden … … Das geht über die Kraft Deiner Gedanken … … Du lässt die Wärme in Dir so intensiv werden wie es nur irgendwie geht … … um möglichst viel davon aufzunehmen … … Deine Muskeln entspannen sich weiter … … alles wird locker und leicht … … Und Du wirst sogar müde dabei … … müde, weil Du so entspannt bist … … Und dann rollst Du die Kugel mit einem festen Stoß von Dir weg … … die rote Kugel mit all Deinen Problemen und Belastungen rollt von Dir weg … … Du befreist Dich von allem, was an Deinen Schultern und an Deinem Nacken gezerrt und gezogen hat … … Du fühlst Dich locker und leicht … … Du schaust der roten Kugel hinterher, die immer weiter weg rollt … … Die neue Energie und die Lockerheit bleiben bei Dir und die Belastungen rollen mit der Kugel weg … … Du spürst die Entspannung und die neue Kraft … … Du spürst die Entspannung und die neue Kraft … …

Nein sagen (1)

Du bist nun dazu bereit, einen großen Schritt der inneren Klärung und Befreiung zu gehen ... Du weißt, dass es dir schon häufig im Leben schwer gefallen war, nein zu sagen, obwohl du das eigentlich wolltest ... Oft hast du dann anderen einen Gefallen getan oder hast geglaubt, dass du etwas erfüllen müsstest und hast ja gesagt ... Heute sagst du ja zu dir selbst ... Heute sagst du ja dazu, zu erkennen, wozu du ab sofort nein sagen willst ...

Hierzu lässt du einen Raum des Ja-Sagens entstehen ... Du weißt, wozu du ja gesagt hast, obwohl du es nicht wolltest ... Doch du weißt noch nicht alles ... Manchmal auch hast du ja gesagt, ohne zu bemerken, dass du tatsächlich nein sagen wolltest ... Du findest heute, wozu du am allermeisten nein sagen willst, um dann aus dem Raum des Ja-Sagens einen Raum des Nein-Sagens zu machen ... hier und heute ... genau jetzt ... Das ist ganz einfach ...

Stell dir vor, dass in deinem Sonnengeflecht eine kleine weiße Flamme brennt wie eine wunderschöne Kerzenflamme, die dir Licht und angenehme Wärme spendet ... Und lass dieses kleine Licht mit jedem Atemzug größer werden ... Stell dir vor, dass dieses Kerzenlicht immer stärker wird und sich damit eine kleine weiße Lichtkugel in deinem Bauch bildet, genau in deinem Sonnengeflecht ... Mit jedem einzelnen Atemzug wird diese Lichtkugel größer ... und größer ... *[im Atemrhythmus des Klienten bitte]* ... größer ... und größer ... und größer ... genau so ... mit jedem Atemzug größer ... Die Lichtkugel ist bald so groß, dass sie langsam aus deinem Körper heraustritt und immer noch größer wird ... so groß, dass sich eine Lichtkugel um deinen Körper bildet, die bald schon deine Beine und Füße erreicht ... deine Schultern und deinen Kopf ... Mit jedem einzelnen Atemzug wird die Lichtkugel größer und je größer sie wird, umso größer wird dein innerer Raum des Ja-Sagens ... Die Kugel umhüllt schließlich deinen gesamten Körper ... Es ist als würdest du in einer Kugel aus Licht schweben ... vollkommen eingehüllt und geschützt von diesem weißen, reinen, klaren Licht ... Je deutlicher du das Bild der Lichtkugel um deinen Körper visualisieren kannst, umso mehr entfaltet sich deine Erinnerung ... umso mehr kannst du mit dir und deinen Erinnerungen in Verbindung treten und erkennen, was wichtig ist ... Lass nun das Bild der Lichtkugel noch einmal ganz deutlich werden und höre dabei in dich hinein ... Spüre in dich hinein ... Nimm dich selbst wahr und alles, was zu dir gehört und zu dir findet ... Nimm alles wahr, was zu dir gehört und zu dir findet ... Und langsam zeigen sich Bilder in dieser Lichtkugel ... Bilder, die dir zeigen, wann du ja gesagt hast, obwohl du nein sagen wolltest ... Manche Bilder kennst du, hast mit ihnen gerechnet ... andere sind vollkommen unerwartet ... Lass diese Bilder einfach kommen und sieh sie dir an ... bis du meine Stimme wieder hören kannst ...

... [Nun einige Minuten Zeit lassen und dann mit dem Text fortfahren] ...

Lass die Bilder nun langsam vergehen ... Du weißt nun, womit du dich noch beschäftigen kannst, oder du bist nun bereit, nein zu sagen ... Du siehst nur noch weißes Licht um dich herum ... nur noch weißes Licht ... Und dann siehst du in diesem Licht in dicken schwarzen Buchstaben geschrieben das Wort nein ... Mit jedem einzelnen Atemzug, immer beim Ausatmen wird das Wort nein größer ... das Wort nein wird größer ... und größer ... nein ... ... *[im Atemrhythmus des Klienten bitte]* ... nein ... nein ... nein ...
Nun erlaube dir Ruhe und atme tief aus ... Lass die Lichtkugel wieder kleiner werden, mit jedem Ausatmen kleiner ... Die Lichtkugel wird kleiner ... *[im Atemrhythmus des Klienten bitte]* ... und kleiner ... kleiner ... und kleiner ... kleiner ... und kleiner ... bis sie wieder ganz in deinem Körper ist und als kleine weiße Flamme in deinem Sonnengeflecht für dich leuchtet ...

Nein sagen (2)

Tief in dir gibt es einen magischen Ort ... einen Ort, an dem die innere Kraft auf dich wartet ... Kraft ist das, was du gerade am meisten suchst ... Heute kannst du den magischen Ort der Kraft finden ... tief in deiner Fantasie ... tief in deiner Kreativität ... die Kraft, die dir hilft, endlich nein zu sagen ... nein zu allem, was du nicht mehr haben willst ... nein zu allem, was du nicht mehr erleben willst ... nein zu allem, was du nicht mehr erfüllen willst ... nein zu allem, was du nicht mehr tun willst ...

Konzentriere dich auf deinen Atem ... Du kannst ihn hören ... Er klingt wie der Wind, und so kannst du dir vorstellen, dass ein leichter Wind weht, der dich sanft, wie auf Wolken gebettet, in das magische Land der Kraft bringt ...

Du bist an einem Ort, den du am meisten mit der Kraft der Erde verbindest ... vielleicht hoch in den Bergen ... oder auf einem Felsen in der Meeresbrandung ... oder tief im Urwald ... vielleicht auch an einem ganz anderen Platz, den nur du kennst ... Der Platz der inneren Kraft ... Du machst es dir bequem ... so richtig bequem, so bequem, dass du denkst, bequemer geht es gar nicht mehr ... Schau dir deine Umgebung an ... Lass ein Bild entstehen und nimm es ganz tief in dir auf ... Lass die Umgebung, die in deiner Fantasie entsteht, zu deiner Wahrheit werden ...

Du schaust nach oben in den Himmel ... Du siehst einen klaren, hellblauen Himmel ... vielleicht ein paar Wolken ... Die Sonne scheint ... Da bemerkst du am Himmel zwischen den Wolken etwas, das aussieht wie eine Schrift ... Du siehst genauer hin und erkennst in dicken Buchstaben das Wort NEIN ...

Genau dieses Wort siehst du oben am Himmel, als wäre es dort eingeprägt worden ... Nein ... am Himmel des magischen Landes ...

Dann beginnt es langsam zu regnen ... Du siehst kleine Regentropfen vom Himmel fallen ... Sie tropfen neben dir auf den Boden und auf deine Haut ... Dann bemerkst du, dass es keine Wassertropfen sind ... Es sind kleine Wörter, die vom Himmel regnen ... Du siehst das Wort nein ... wie kleine Regentropfen fällt es überall vom Himmel, das kleine Wort nein ... Und dieses Wort wird größer ... Du kannst es überall am Himmel deutlich lesen ... wie Regen fallen die Wörter vom Himmel, wohin du auch siehst ... Du stehst auf und gehst ein paar Schritte ... Du blickst zu Boden und siehst es überall liegen ... wohin du auch gehst ... Das Wort nein erfüllt das gesamte Land der magischen Kraft ...

Du legst dich auf den Boden und spürst, wie angenehm warm er ist ... Du lässt das Wort nein auf dich regnen und spürst, wie gut es sich anfühlt ... denn es wird zu einem wichtigen Wort für dich ... ein Wort, das du schon lange aussprechen wolltest und nun auch aussprichst ... nein ... Dann schläfst du ein und lässt die innere Kraft ganz tief wirken ... in deinem Unterbewusstsein ... in deinem Körper ... in deinem Gefühl... ganz tief ...

Seelische Kränkung (1)

Der folgende Hauptteil ist eine kurze aber intensive Abfolge von Suggestionen, die wie ein Gebet aufgebaut ist. Diese Variante ist jedoch nicht speziell für gläubige oder religiöse Menschen gedacht, sondern für jeden Klienten, der Halt im Inneren sucht. Jeder Mensch glaubt an irgendetwas, diesen Glauben nutzt dieses Gebet. Sie könnten ihren Klienten fragen, woran er glaubt und das Gebet dann darauf reduzieren. Das kann sicherlich gut sein, doch ich möchte darauf hinweisen, dass ich ganz gezielt, mehrere mögliche Glaubensinstanzen anspreche. Ich möchte meine Klienten damit darauf aufmerksam machen, dass es wahrscheinlich mehrere Instanzen gibt, an die sie glauben. Auch Christen glauben nicht nur an Gott, sondern an Engel, Heilige etc. Schließlich gibt es auch eigene innere Kräfte, an die der Klient glauben kann. Daher formuliere ich das Gebet scheinbar „allgemein". Beim Lesen werden sie verstehen, was ich damit meine. Das Gebet kann Teil eines längeren Hauptteils sein oder auch für sich genommen werden und leicht auf verschiedene Themen angepasst werden.

Du spürst deine innere Kränkung, diese Verletzung deiner Seele, die so tief sitz t... ... Du hast den Wunsch, dich wieder besser zu fühlen... ... all das überwinden zu können und wieder ganz du selbst zu sein ... ... Du suchst diese Hilfe ... ... Heute findest du sie ... ... Du rufst eine Instanz an, an die du glauben kannst ... ... Vielleicht glaubst du ja an Gott oder an einen Schutzengel ... ... Vielleicht glaubst du auch eher an das Schicksal oder an Fügung ... ... Oder du glaubst an das Universum ... ... oder an die Natur ... ... Vielleicht glaubst du ja auch an eine starke Instanz in dir selbst ... ... An irgendetwas glaubt jeder Mensch, also glaubst auch du an irgendetwas ... ... Und die Instanz, an die du am besten glauben kannst ... ... deine Instanz rufst du jetzt an und bittest um Hilfe ... ... wie in einem Gebet ... ... Wenn du an Gott glaubst oder an Jesus, kennst du das Beten ... ... Falls du noch nie in deinem Leben gebetet hast oder dich nicht mehr daran erinnern kannst, fängst du heute damit an ... ... genau jetzt ... ...

... ... Du sagst: Lieber Gott ... ... lieber Jesus oder lieber Schutzengel aller verletzten Menschen ... ... oder liebes Universum ... ... liebe Instanz tief in mir selbst ... ...

... ... Hilf mir doch bitte, dass ich das Gefühl der Kränkung und Erniedrigung überwinden kann ... ... Ich brauche deine Hilfe, denn ich weiß, dass es nicht so leicht ist, das Gefühl der Kränkung abzulegen ... ... mich selbst wieder zu lieben ... ... Hilf mir doch auch, alle meine Kräfte zu mobilisieren, um es zu schaffen und mir selbst immer wieder zu sagen, dass ich mich bald wieder besser fühle und wertvoller ... ... Hilf mir bitte auch, wenn das Gefühl der Verletzung zurückkommen sollte ... ... wenn ich es doch wieder spüren sollte ... ... Hilf mir dann, mich erneut davon zu befreien ... ...

... ... Du sagst weiter: Hilf mir aber auch dabei, dass ich mich selbst annehmen und aushalten kann ... ... selbst dann, wenn ich noch Zeit brauchen sollte bis es mir wieder richtig gut geht ... ... Und selbst wenn es mir nicht so gelingen sollte ... ... wäre es schön, wenn ich mich selbst lieben kann ... ... Amen ... ...

Seelische Kränkung (2)

Der folgende Hauptteil ist eine kurze aber intensive Abfolge von Suggestionen, die wie ein Gebet aufgebaut ist. Diese Variante ist jedoch nicht speziell für gläubige oder religiöse Menschen gedacht, sondern für jeden Klienten, der Halt im Inneren sucht. Jeder Mensch glaubt an irgendetwas, diesen Glauben nutzt dieses Gebet. Sie könnten ihren Klienten fragen, woran er glaubt und das Gebet dann darauf reduzieren. Das kann sicherlich gut sein, doch ich möchte darauf hinweisen, dass ich ganz gezielt, mehrere mögliche Glaubensinstanzen anspreche. Ich möchte meine Klienten damit darauf aufmerksam machen, dass es wahrscheinlich mehrere Instanzen gibt, an die sie glauben. Auch Christen glauben nicht nur an Gott, sondern an Engel, Heilige etc. Schließlich gibt es auch eigene innere Kräfte, an die der Klient glauben kann. Daher formuliere ich das Gebet scheinbar „allgemein". Beim Lesen werden sie verstehen, was ich damit meine. Das Gebet kann Teil eines längeren Hauptteils sein oder auch für sich genommen werden und leicht auf verschiedene Themen angepasst werden.

Du spürst deine innere Kränkung, diese Verletzung deiner Seele, die so tief sitzt... ... Du hast den Wunsch, dich wieder besser zu fühlen... ... all das überwinden zu können und wieder ganz du selbst zu sein ... ... Du suchst diese Hilfe ... ... Heute findest du sie ... ... Du rufst eine Instanz an, an die du glauben kannst ... ... Vielleicht glaubst du ja an Gott oder an einen Schutzengel ... ... Vielleicht glaubst du auch eher an das Schicksal oder an Fügung ... ... Oder du glaubst an das Universum ... ... oder an die Natur ... ... Vielleicht glaubst du ja auch an eine starke Instanz in dir selbst ... ... An irgendetwas glaubt jeder Mensch, also glaubst auch du an irgendetwas ... ... Und die Instanz, an die du am besten glauben kannst ... ... deine Instanz rufst du jetzt an und bittest um Hilfe ... ... wie in einem Gebet ... ... Wenn du an Gott glaubst oder an Jesus, kennst du das Beten ... ... Falls du noch nie in deinem Leben gebetet hast oder dich nicht mehr daran erinnern kannst, fängst du heute damit an ... ... genau jetzt ... ...

... ... Du sagst: Lieber Gott ... ... lieber Jesus oder lieber Schutzengel aller verletzten Menschen ... ... oder liebes Universum ... ... liebe Instanz tief in mir selbst ... ...

... ... Hilf mir doch bitte, das anzunehmen, was ich heute nicht mehr ändern kann ... ... Hilf mir dabei, mich selbst aus der Verbitterung und dem Zorn heraus zu bewegen, damit ich mir nicht mehr länger selbst schade ... ... Hilf mir doch auch, wieder meinen eigenen Wert zu erkennen und meine eigene innere Schönheit ... ... denn ich möchte nun wieder fröhlich sein und meinen Weg weiter gehen ... ... Hilf mir, die Kraft und die Hoffnung dafür heute zu finden, in genau diesem Augenblick ... ...

... ... Du sagst weiter: Hilf mir aber auch dabei, dass ich Geduld für mich selbst aufbringe ... ... vor allem dann dann, wenn ich noch Zeit brauchen sollte bis es mir wieder richtig gut geht ... ... Und selbst wenn es mir nicht so gelingen sollte ... ... wäre es schön, wenn ich mich selbst lieben kann ... ... Amen ... ...

Stresskontrolle, akut (1)

Die folgende Hypnosesitzung arbeitet mit einem olfaktorischen Anker (Geruchsanker). Als Anker bezeichnet man einen Auslöser, der ein bestimmtes Gefühl herstellen oder einen bestimmten Gedanken wecken soll. Wir wollen dem Klienten helfen, sich mit Hilfe eines speziellen Geruchs zu entspannen und innerlich loszulassen. Wir besprechen das vor der Sitzung mit dem Klienten und halten ein Fläschchen mit einem Duft bereit. Das kann ein Riechöl oder ein Aromaspray sein, das der Klient aber erst in Trance riechen soll. Während der Hypnosesitzung richten wir den Anker dann ein, indem wir den Geruch präsentieren und ihn suggestiv mit einer Assoziation verbinden. Der Geruch selbst sollte nicht zu aufdringlich sein, muss aber vom Klienten nicht als besonders angenehm empfunden werden. Es kommt auf die suggestive Verknüpfung an. Allerdings sollte er auch nicht als abstoßend erlebt werden. Bei milden Aromaölen sollte das kaum der Fall sein.

Es ist an der Zeit, einen Weg zu finden, wie du dich in Situationen der Belastung und des beruflichen Stresses möglichst schnell wieder entspannen kannst ... eine kurze Pause optimal nutzen, um schnell wieder zu ruhigen Gedanken zu kommen ... Du selbst hast die Entscheidung getroffen, dass du diesen Weg finden willst ... dass du jetzt wieder die Kontrolle über deine Energie übernimmst ...

Hierzu lässt du deine Entspannung jetzt tiefer gehen ... Du fühlst dich wohl, doch du willst dich noch wohler fühlen ... Vollkommene innere Entspannung ist jetzt hilfreich ... Wirklich erstaunlich, wie schnell es dir gelingt, diese ganz tiefe und wunderschöne Entspannung herzustellen und dich mit jedem weiteren Atemzug noch tiefer zu entspannen ... so tief als würdest du einschlafen ... ganz in dir selbst ruhen und alles um dich herum vergessen ... Alle Geräusche treten in den Hintergrund ... Jedes Geräusch, das du hören kannst, entfernt sich weiter und weiter ... Jedes Geräusch ist ein Hinweis darauf, dass deine Umgebung unwichtig ist ... Jetzt ist nur deine Entspannung wichtig ... nur darauf kommt es an ... auf tiefe und bequeme Entspannung ... tiefe und bequeme Entspannung ...

Jetzt ist alles in Ordnung ... Dieses Gefühl der Ruhe wird jetzt immer intensiver ... Du spürst die Ruhe und Gelassenheit ... und wenn du denkst, dass du noch ruhiger werden kannst oder noch tiefer entspannen kannst, dann geh einfach noch viel tiefer in das Gefühl der Ruhe ... Lass einfach noch mehr los und entspanne vollkommen ... Lass los und entspanne vollkommen ...

... [Jetzt wird der Anker eingerichtet!] ...

Du kannst dafür sorgen, dass dir das auch in deinem wachen Alltag gelingt ... so wie jetzt ... jeden Tag genau so wie jetzt ... Es ist ganz einfach ... Du kannst jeden Tag in dieses Gefühl des Loslassens gehen und dann noch viel schneller entspannen und neue Kraft aufbauen ... ... *[Das Fläschchen mit dem Aroma öffnen und zur Nase des Klienten hin bewegen; dort halten]* ... Atme nun ganz tief ein und nimm den Geruch, den du wahrnimmst, ganz bewusst wahr ... ein angenehmer Geruch ... gleichzeitig spürst du die angenehme Entspannung ... Dein gutes Gefühl und dieser Geruch, den du wahrnimmst, verbinden sich nun miteinander ... Sie gehören zusammen ... Dieser Geruch und das Gefühl der Entspannung, das du jetzt spürst, gehören ganz eng zusammen ... Und immer, wenn du diesen Geruch wahrnimmst, fühlst du genau diese Entspannung in dir, so wie jetzt ... Immer, wenn du diesen Geruch wahrnimmst, spürst du das Gefühl der Ruhe und Gelassenheit in dir ganz deutlich ... Selbst dann, wenn du nur an den Geruch denkst, kannst du schon Ruhe und Entspannung spüren ... Dein Unterbewusstsein prägt sich diesen Geruch ein und verbindet ihn mit Ruhe und Entspannung ... *[Das Fläschchen nun wegnehmen und verschließen]* ...
Atme ruhig weiter und genieße die Ruhe ... Schenke dir selbst nun Achtsamkeit und Aufmerksamkeit und vertraue deinem Unterbewusstsein, das dich dabei unterstützt, immer wieder ganz schnell in diesen Zustand zu gelangen, indem du einfach an dem Fläschchen mit dem Duft riechst, den ich dir gerade präsentiert habe ...

Stresskontrolle, mittelfristig (2)

Stell dir vor, du sitzt in einem Kino ... Ein altes Kino, so wie die Kinos früher einmal ausgesehen haben ... mit dicken, weichen Sesseln, mit Samt bezogen ... ganz weiche Sessel ... Mach es dir in einem samtweichen Sessel bequem.

Du bist ganz alleine in diesem Kino. Der ganze Saal ist leer und es ist ruhig, ganz, ganz ruhig ... Schau dich etwas um in deinem Kinosaal ... Der Boden ist samtweich ... Ein ganz weicher Teppichboden ... Vielleicht ein dunkles Rot ... ein schönes ganz dunkles Rot ... Die Wände sind mit farbigem Stoff bezogen ... rot und grün ... rot und grün ... Und von der Decke hängt ein riesiger Kronleuchter herab, mit ganz vielen Glühbirnen und mit unzähligen Kristallen daran ... Er leuchtet gerade soviel, dass du alles gut erkennen kannst ...

Mach es dir ganz bequem in deinem Sessel, lass es dir gut gehen in deinem weichen Sessel ... An den Wänden des Kinos hängen kleine Laternen. Zwei oder drei auf jeder Seite, rechts und links ... Darin brennen kleine violette Gasflammen ... Die Leinwand ganz weit vorne ist durch einen dicken, schweren Vorhang verdeckt ... Ein dunkler, schwerer Vorhang verdeckt die Leinwand in diesem schönen Kino ...

Es wird langsam dunkler und dunkler ... Das Licht wird heruntergedreht und es wird immer dunkler und dunkler ... Und dabei kannst du es immer bequemer werden lassen und immer ruhiger in dir drin ... Der Vorhang öffnet sich langsam, der lange, schwere, dunkle Vorhang schiebt sich langsam zur Seite ... Immer weiter öffnet sich der Vorhang zu deiner Leinwand ... Und es wird dunkler und dunkler, stiller und stiller ... Der Vorhang öffnet sich immer weiter ...

Das leise Summen des Vorführgerätes ist zu hören, der Vorspann beginnt ... Vorne auf der Leinwand steht eine Zahl ... eine Zehn ...

Und während der Vorspann läuft, laufen Zahlen rückwärts, von zehn bis null. Ich zähle für dich mit und du kannst mit jeder Zahl tiefer sinken, mit jeder einzelnen Zahl, die ich nenne …

Zehn … immer tiefer sinkst du … neun … tiefer und tiefer … acht … und es wird ruhiger und ruhiger … sieben … dunkler und dunkler … sechs … immer dunkler und ruhiger wird es … fünf … Du sinkst tiefer … vier … immer weiter hinab zieht es dich … drei … tiefer und tiefer … zwei … und es wird dunkler und dunkler … eins … gleich beginnt der Film … gleich geht es los … es kann gleich beginnen … null … nun geht es los …

Und vorne auf der Leinwand steht in dicken, großen Buchstaben … Lass los und werde innerlich frei … Lass los und werde innerlich frei … Du liest diesen Satz immer und immer wieder … Lass los und werde innerlich frei …

Dann denkst du darüber nach, dass dir die Botschaft dieses Satzes helfen kann, ruhiger zu werden, Stress abzubauen, wenn du erkennst, dass es wirklich erforderlich ist, immer wieder loszulassen … Pausen zu finden und dich um dich selbst zu kümmern … damit du neue Kraft finden kannst … Lass los und werde innerlich frei … es steht an deiner Leinwand … Lass los und werde innerlich frei … Lass los und werde innerlich frei …

Trauer um einen verstorbenen Menschen (1)

Du denkst häufig über einen verstorbenen Menschen nach, weil du diese Person so vermisst ... vielleicht über vieles, was unausgesprochen blieb, vieles, was du noch mit dem Menschen zusammen geplant hattest, nun aber nicht mehr erleben kannst ... Es bleibt die Sehnsucht, doch du weißt, dass es auch nicht mehr erfüllt werden kann, weil es gar nicht mehr möglich ist ... Das hat dich oft traurig gemacht ... So ist der Wunsch entstanden, deine Trauer zu überwinden und loszulassen ... damit fertig zu werden, dass euer Weg sich getrennt hat ... dich damit abzufinden und deinen Frieden damit zu machen ... vielleicht aber auch mehr ... denn es ist auch möglich, die schönen Erinnerungen zu behalten und dennoch weiter dein Leben in Frieden zu leben ...

Du stellst dich auf eine innere Reise ein ... eine Reise in ein weit entferntes Land, das gleichzeitig ganz nah ist ... das Land deiner Träume ... Fühle den Rhythmus deiner Atmung und folge ihm ... Mit dem Wind deines Atems verlässt du deine Gedanken und gehst in das Land der Träume ...

Du stehst vor dem Eingang eines alten Schlosses und voller Vertrauen, fast wie von selbst, gehst du hinein ... Drinnen bemerkst du, dass überall an den Wänden Spiegel hängen ... Die Spiegel funkeln und strahlen wunderschön ... sie reflektieren das Licht ...

Du folgst dem breiten Gang durch das Schloss und öffnest die Tür eines Zimmers ... es ist riesig und du gehst ganz hindurch ... Am Ende findest du eine Tür, die dir Einlass zum nächsten großen Raum verschafft ... So gehst du von Raum zu Raum, bis du den richtigen Raum gefunden hast ... den Raum deiner Erinnerungen ...

Alle deine Lebenserinnerungen sind hier in diesem Raum ... Hier kann nichts verloren gehen ... Auch hier sind überall Spiegel an der Wand ... Wenn du in einen Spiegel schaust, siehst du Bilder deiner eigenen Erinnerung ... Bilder, an die du dich oft erinnerst ... auch Bilder, die du schon benahe vergessen hattest ... Sie kommen ganz von selbst ... zeigen sich vor deinem inneren Auge und spiegeln dir, was dich tief im Innern beschäftigt ... Du schaust in den Spiegel der gemeinsamen Orte ... Du siehst dort in dem Spiegel Bilder von besonderen Orten ... Orten, an denen ihr beiden gerne zusammen ward ... vielleicht Urlaubsorte ... vielleicht Lieblingsplätze ganz in eurer Nähe ... und auch Plätze aus dem Alltag ... ein Lieblingssessel ... oder ein Fenster, aus dem ihr gemeinsam geschaut habt ... Was auch immer eure gemeinsamen Plätze sein mögen, wo auch immer eure gemeinsamen Orte waren ... Du siehst sie hier und spürst diese Verbindung, die zwischen euch bestand und immer noch besteht ...

Du bewahrst dir die Erinnerung, und gleichzeitig gehst du weiter ... Du schaust in einen Spiegel, der dir gemeinsame Interessen zeigt ... Du siehst in dem Spiegel, welche Themen und welche Beschäftigungen ihr beiden gerne hattet ... kannst noch einmal beobachten, wie das vor einiger Zeit noch war ... Vielleicht findest du auch Interessen von früher, die schon lange her sind, doch auch die gehören zu dir und deiner Geschichte ... Du bewahrst dir die Erinnerung, und gleichzeitig gehst du weiter ...

Du schaust schließlich in den Spiegel der Pläne ... Du siehst Bilder von den Plänen und Vorhaben, die ihr nicht mehr gemeinsam umsetzen konntet ... der Tod hat euch getrennt, so mussten manche Ideen unerfüllt bleiben ... Vielleicht gab es sogar alte Pläne, die ihr schon lange oder immer wieder einmal verwirklichen wolltet ... Doch jetzt geht das nicht mehr ... Du siehst sie hier und spürst diese Verbindung, die zwischen euch bestand und immer noch besteht ... Du bewahrst dir die Erinnerung, und gleichzeitig gehst du weiter ...

Du verabschiedest dich von all den Bildern und Eindrücken ... Jederzeit kannst du in deiner Erinnerung noch einmal einen Besuch in diese Zeit unternehmen ... Doch jetzt gehst du den Weg in diesem Leben alleine weiter ... bis ihr euch eines Tages wieder begegnet. Du gehst nach draußen, in deiner Geschwindigkeit, in deinem Tempo ... und schließt die Tür ... Du musst nun weiter gehen ... Du denkst darüber nach, dass das Land der Träume tief in dir drin ist. Dort war es schon immer. Ich erzähle dir nur davon ... ...

Trauer um einen verstorbenen Menschen (2)

Du bist heute hier, um Abschied zu nehmen. Der Tod hat dich von einem lieben Menschen getrennt ... Du denkst also heute zurück, um noch einmal das Gemeinsame zu würdigen ... das Unerledigte loszulassen, wenn es Unerledigtes gibt ... und das Unausgesprochene heute auszusprechen ... oder das, was du einfach noch sagen willst ...
Tief in dir hast du Fotos von allen Menschen, die du kennst ... wie ein riesiges Album in deiner Erinnerung ... Alle Situationen und Ereignisse, alle Erlebnisse, sogar Wünsche und Fantasien sind tief in dir abgespeichert ... und sobald du an ein bestimmtes Ereignis oder an eine bestimmte Person denkst, kannst du ein passendes Foto dazu in der Hand halten ...
Du findest jetzt also ein Foto des lieben Menschen, der gestorben ist ... Das Foto zeigt dir ein ganz typisches Bild, so wie du diesen Menschen am ehesten gesehen hast ... Du schaust das Foto an ... Dabei werden Erinnerungen in dir wach ... Es fällt dir ein, wie das war, als ihr euch zum ersten Mal bewusst begegnet seid ... vielleicht nur ein kurzer Augenblick der Aufmerksamkeit, der euch zusammengeführt hat ... oder eben das Schicksal, das es so wollte ... Die Bilder der Erinnerung werden wach ... Es ist gerade so, als wärest du in dieser vergangenen Zeit ... könntest noch einmal als Besucher erleben, wie das damals war ...
Dann findest du ein Foto aus stürmischen und anstrengenden Zeiten ... Das Foto zeigt dir, dass ihr so manches gemeinsam durchgestanden habt ... Dann habt ihr es aber geschafft, und es kamen auch wieder bessere Zeiten ... Du findest ein Foto aus der schönsten Zeit, die ihr miteinander verbracht habt ... Ganz von selbst zeigt sich dir dieses Foto, das sodann zum Leben erwacht ... Es ist, als könntest du jetzt noch einmal in diese Zeit eintauchen ... Du bist ein Besucher in dieser Zeit und lässt die Stimmung von damals noch einmal auf dich

wirken ... Du fühlst dich ein und spürst noch einmal das schöne Gefühl der gemeinsamen Erlebnisse und Ereignisse, der schönen Zeit ... Vielleicht war aber auch jede Zeit auf ihre eigene Art und Weise schön ... Alles hat seinen Sinn und jede Herausforderung lässt uns lernen ...

Dann fällt dir ein ganz besonderes Foto in die Hand ... eines, das eine ganz besondere und persönliche Bedeutung hat ... Es zeigt sich ganz von alleine ... Nimm es an, was auch immer dieses Foto zeigt ... Du weißt, warum dir gerade dieses Bild einfällt ... Du verbindest damit ein tiefes inneres Gefühl ... Lass dieses Gefühl ganz da sein ...

Wenn du jetzt auf dein Gefühl achtest, kannst du die tiefe Verbindung zu dem Menschen spüren, der von dir gegangen ist ... Es gibt sicherlich etwas, was du sagen möchtest ... Du kannst das jetzt tief in deinem Inneren tun, nur für dich ... still und leise ...

sage jetzt in Ruhe alles, was du noch sagen möchtest bis du meine Stimme wieder hörst ...

... [Jetzt etwa einige Minuten Zeit lassen und schweigen.] ...

Nun konntest du alles Wichtige noch aussprechen ... Es ist nun Zeit, dich zu verabschieden ... Verabschiede dich jetzt ...

Übergewicht reduzieren (1)

Die folgende Hypnosesitzung arbeitet mit einem körperlichen Anker. Als Anker bezeichnet man einen Auslöser, der ein bestimmtes Gefühl herstellen oder einen bestimmten Gedanken wecken soll. Wir wollen dem Klienten helfen, mit einem leichten Druck auf die linke Hand (auf den Ballen unterhalb des Daumens) das Gefühl der Sättigung zu produzieren. Wir besprechen das vor der Sitzung mit dem Klienten und zeigen ihm die Stelle, auf die er drücken soll. Während der Hypnosesitzung richten wir den Anker dann ein. Es kommt darauf an, im Zustand der Ruhe das Drücken auf den Daumenballen mit dem schon vorherrschenden Gefühl der Sättigung zu verbinden. Der Klient soll unbedingt subjektiv richtig satt sein während dieser Sitzung. Das muss absolut sicher gegeben sein, lieber wird die Hypnose mit einem wirklich vollen Bauch gemacht, als mit einem leichten Hungergefühl, sonst funktioniert sie nicht.

Du willst abnehmen ... ... Dieses Ziel steht fest, und du hast dafür schon einiges getan ... ... Heute kannst du einen großen und ganz entscheidenden Schritt gehen ... ... Du kannst heute dein Unterbewusstsein darauf einstellen, schneller satt zu werden ... ... Du kannst auch deinen Körper darauf einstellen, schneller satt zu werden ... ... Beides hängt direkt zusammen ... ... Sobald dein Körper sich satt fühlt, kann er dein Unterbewusstsein informieren, dass du aufhören sollst zu essen ... ... dass du auch in deinen Gedanken und in deinem Gefühl die Sättigung deutlich spürst ... ... Auch dein Unterbewusstsein kann entscheiden, dass du satt bist und deinen Körper informieren, dass er das Sättigungssignal deutlich an dich sendet ... ...

... ... Du hast entschieden, also kannst du handeln ... ... In dem Wort ‚handeln‘ steckt das Wort ‚Hand‘ ... ... Nun kannst du tatsächlich handeln ... ... Greif nach deiner linken Hand ... ... Mach es jetzt so, wie du es geübt hast ... ... Ergreife deine linke Hand und konzentriere dich auf dein inneres Gefühl des Sattseins... ... Wenn du denkst, dass das Gefühl der Sättigung noch deutlicher werden sollte, dann lass es einfach noch deutlicher und klarer werden in deinem Gefühl ... ... noch intensiver ... ... mit noch mehr Achtsamkeit und Fürsorge für dich selbst ... ... genau so ... ... genau so ... ... Du kannst es ... ...

... ... Und nun lass dieses Gefühl ganz bewusst werden ... ... und drücke nun den Ballen der linken Hand ... ... und noch einmal ... ... drücken ... ... Dein Inneres stellt sich darauf ein, dass genau dieses Drücken des Handballens das Signal ist, unverzüglich zu spüren, dass du tatsächlich satt bist ... ... Immer, wenn du deinen Handballen drückst, fühlst du dich satt spürst das Bedürfnis, achtsam mit dir selbst umzugehen ... ... dich selbst ernst zu nehmen ... ... dir wichtig zu sein ... ... Dein Körper ist entspannt und auch deine Hände sind vollkommen ruhig ... ... Dein Körper hat verstanden, wie dein Anker funktioniert ... ... Er hat es für dich bereits gespeichert, sodass du ihn immer wieder nutzen kannst ... ...

... ... Immer, wenn du deinen Handballen drückst, bist du richtig satt und spürst das Bedürfnis, achtsam mit dir selbst umzugehen ... ... dich selbst ernst zu nehmen ... ... dir wichtig zu sein ... ... So wird es für dich schon bald zur Selbstverständlichkeit, immer wieder deinen Handballen zu drücken oder ihn zu massieren, das funktioniert genau so ... ... ganz genau so wie jetzt ... ... Du hast entschieden ... ... Du hast gehandelt ... ...

Übergewicht reduzieren (1)

Die folgende Hypnosesitzung arbeitet mit einem olfaktorischen Anker (Geruchsanker). Als Anker bezeichnet man einen Auslöser, der ein bestimmtes Gefühl herstellen oder einen bestimmten Gedanken wecken soll. Wir wollen dem Klienten helfen, mit Hilfe eines speziellen Geruchs das natürliche Sättigungssignal seines Körpers zu verstärken. Wir besprechen das vor der Sitzung mit dem Klienten und halten ein Fläschchen mit einem Duft bereit. Das kann ein Riechöl oder ein Aromaspray sein, das der Klient aber erst in Trance riechen soll. Während der Hypnosesitzung richten wir den Anker dann ein, indem wir den Geruch präsentieren und ihn suggestiv mit einer Assoziation verbinden. Der Geruch selbst sollte nicht zu aufdringlich sein, muss aber vom Klienten nicht als besonders angenehm empfunden werden. Es kommt auf die suggestive Verknüpfung an. Allerdings sollte er auch nicht als abstoßend erlebt werden. Bei milden Aromaölen sollte das kaum der Fall sein. Der Klient soll unbedingt subjektiv richtig satt sein während dieser Sitzung. Das muss absolut sicher gegeben sein, lieber wird die Hypnose mit einem wirklich vollen Bauch gemacht, als mit einem leichten Hungergefühl, sonst funktioniert sie nicht.

Abnehmen ist dein Ziel ... ... Du hast dir ganz fest vorgenommen, nun endlich schlank zu werden und schlank zu bleiben ... ... nur soviel zu essen, wie du brauchst, um satt zu sein ... ... und satt sein kannst du viel schneller und viel nachhaltiger als du bisher dachtest ... ... und für dich ist es die beste Entscheidung, die du treffen konntest, jetzt weniger zu essen und dennoch satt zu sein ... ... Heute ist der erste Tag in deinem neuen Leben ... ... in einem Leben, in dem es dir gelingt, bereits nach einer normalen Portion satt zu sein ... ... Das Gute besteht darin, dass es viel leichter ist als du früher dachtest ... ... Selbst zwischen den Mahlzeiten, kannst du dafür sorgen, dich einfach satt zu fühlen ... ... Vielleicht fragst du dich, wie es dir am schnellsten und am besten gelingt, sofort satt zu werden und dich wohl zu fühlen nach einer kleinen Portion des Essens ... ...

Atme tief ein und spüre, wie dein Brustkorb sich weitet ... ... So gut fühlt sich innere Freiheit an ... ... So gut fühlt sich Sattsein an ... ... genau so satt und zufrieden wie jetzt ... ... genau so satt und zufrieden wie jetzt ... ... Und wenn du willst, spürst du noch deutlicher, dass du so richtig satt bist ... ... Genau dieses Gefühl brauchst du zwischen den Mahlzeiten ... ... Genau dieses Gefühl brauchst du nach einer kleinen Portion des Essens ... ... Genau dieses Gefühl brauchst du jeden Tag ... ...

... ... Du kannst es absichern ... ... Du kannst dafür sorgen, dass dir das auch ein deinem wachen Alltag gelingt ... ... so wie jetzt ... ... jeden Tag genau so wie jetzt ... ... Es ist ganz einfach ... ... Du kannst jeden Tag in dieses Gefühl gehen und dich dann wohl fühlen ... ... Du selbst kannst jeden Tag entscheiden, wann du satt sein willst ... ...

   ... ... [*Das Fläschchen mit dem Aroma öffnen und zur Nase des Klienten hin bewegen; dort halten*] ... ...

Atme nun ganz tief ein und nimm den Geruch, den du wahrnimmst, ganz bewusst wahr ... ... ein angenehmer Geruch ... ... gleichzeitig spürst du ganz deutlich, dass du tatsächlich satt bist ... ... Dein gutes Gefühl und dieser Geruch, den du wahrnimmst, verbinden sich nun miteinander ... ... Sie gehören zusammen ... ... Dieser Geruch und Sattsein gehören ganz eng zusammen ... ... Dieser Geruch bedeutet: Ja, ich bin satt! ... ... Ja, ich bin satt! ... ... Und immer, wenn du diesen Geruch riechst, fühlst du dich satt ... ... Immer, wenn du genau diesen Geruch wahrnimmst, spürst du ganz deutlich, dass du satt bist ... ... Selbst dann, wenn du nur an den Geruch denkst, kannst du schon spüren, dass du satt wirst ... ... Dein Unterbewusstsein prägt sich diesen Geruch ein und verbindet ihn mit Sattsein ... ...

   ... ... [*Das Fläschchen nun wegnehmen und verschließen*] ... ...

... ... Atme ruhig weiter und genieße die Ruhe ... ... Schenke dir selbst nun Achtsamkeit und Aufmerksamkeit und vertraue deinem Unterbewusstsein, dass dich dabei unterstützt, immer wieder ganz schnell in diesen Zustand zu gelangen, indem du einfach an dem Fläschchen mit dem Duft riechst, den ich dir gerade präsentiert habe ... ...

Überlebensschuld, nach überlebtem Unfall (1)

Du hattest einen schweren Unfall, an dem auch andere beteiligt waren ... Du konntest den Unfall nicht verhindern, hattest keine Chance dazu ... Du weißt es und dennoch hast du dich immer wieder gefragt, warum dich ein so gedrücktes und bedrückendes Gefühl ergreift ... es hat sich angefühlt wie Schuld, doch dein Verstand hat dir gesagt: Ich bin unschuldig ... Dann hast du dir die Frage gestellt, warum gerade du überlebt hast ... während andere gestorben sind ... So hast du das Gefühl der Schuld entwickelt ... schuldig weil du überlebt hast ... Du kennst das gut, für andere Verantwortung zu übernehmen und sich um alles zu kümmern ... Bei diesem Unfall konntest du die anderen aber nicht beschützen ... Du weißt das und dennoch ist es dir noch nicht ganz gelungen, das wirklich tief in deinem Gefühl so zu akzeptieren ... Doch heute versuchst du es noch einmal ... Heute kannst du dir vielleicht schon vergeben, was du dir vorwirfst ...

Tief in deinem Inneren gibt es den Platz der Klarheit ... An diesem Platz gibt es nur weißes, reines Licht ... Du stehst an diesem Platz und siehst überall um dich herum nur Licht ... Lass diese Vorstellung ganz deutlich werden ... weißes Licht um dich herum ... nur Licht überall ... Tauche ganz ein in die Vorstellung von reinem weißen Licht und vollkommener innerer Freiheit ...

Der Boden unter deinen Füßen scheint gläsern ... du kannst durch ihn hindurch sehen ... unendlich weit in die Tiefe ... Doch auch dort siehst du nur angenehmes, weißes Licht ... Du schaust nach oben und siehst auch über dir nur Licht ... Es ist überall ... hell und klar und sehr angenehm ... Es hüllt dich ein und schenkt dir Klarheit und Offenheit ... Du siehst vor dir eine gläserne Wand ... Du kannst durch sie hindurch blicken und siehst auch hinter der Wand nur Licht ... Wunderschön ist es am Platz der Klarheit ... so rein ... so frei ... so hell und klar ... so deutlich ...Du schaust noch einmal auf die Wand vor dir ... Dort erscheint langsam eine Schrift in dicken deutlichen Buchstaben, die immer deutlicher werden ...

Du kannst die Schrift erkennen ... Du kannst sie deutlich lesen ... An der gläsernen Wand vor dir, am Platz der Klarheit, steht geschrieben ... *Du bist unschuldig* ... Du leist diesen Satz immer wieder ... *Du bist unschuldig* ... *Du bist unschuldig* ...

Lass die Worte einfach in dich hinein fließen ... Lass sie ihre Wirkung entfalten und schenke dir selbst Ruhe und Achtsamkeit ... Ruhe und Achtsamkeit ... Umarme dich innerlich selbst und spüre die Wirkung der Worte, die du an der gläsernen Wand vor dir lesen kannst ... Du bist unschuldig ...

Dann schaust du nach oben und versuchst den Himmel zu erblicken ... Doch wo du auch hinsiehst, ist nur schönes Licht ... viel schöner als der Himmel, die Wolken oder die Sterne ... das schönste Licht, das du dir vorstellen kannst ...

Noch einmal schaust du zur Wand ... Dort erkennst du einen neuen Schriftzug ... Dort steht geschrieben ... Fang wieder an zu leben ... Fang wieder an zu leben ... Du liest diesen Satz immer und immer wieder ... Fang wieder an zu leben ... ... Fang wieder an zu leben ... Dann schließt du die Augen und lässt auch diese Worte ganz tief in dir wirken ... ganz tief ... Du stehst am Platz der Klarheit ... am Platz der vollkommenen Klarheit ... Fang wieder an zu leben ... Fang wieder an zu leben ...

Überlebensschuld, nach überlebtem Unfall (2)

Du hast überlebt ... Du warst in diesen schweren Unfall verwickelt und hättest dabei auch sterben können, so wie andere gestorben sind ... Doch du hast überlebt und vielleicht hast du schon oft gedacht, dass es passend wäre, wenn du dich darüber freuen könntest ... Doch dieses Gefühl konntest du bisher nicht entwickeln ... Du hast überlebt, doch es scheint als wäre ein teil von dir gestorben ... so als würdest du damit das Schicksal der anderen teilen ...

Doch du weißt, dass das nicht geht ... Deine Aufgabe ist es nun, weiter zu leben ... das Beste aus den Herausforderungen deines Lebens zu machen ... zu erkennen, was dir trotz allem Leid geschenkt wurde ... das Leben ... So viele Träume und Ideen hattest du vor dem Urlaub ... Absichten und Pläne ... Ziele in deinem Leben ... Du kannst diese Ziele noch erreichen, weil du noch da bist ... Dafür willst du Kraft finden ... und schon bald neue Lebensfreude, um dein Leben wieder genießen zu können ... um dein Überleben als Geschenk betrachten zu können ...

Tief in deinem Inneren gibt es den Platz der Klarheit ... An diesem Platz gibt es nur weißes, reines Licht ... Du stehst an diesem Platz und siehst überall um dich herum nur Licht ... Lass diese Vorstellung ganz deutlich werden ... weißes Licht um dich herum ... nur Licht überall ... Tauche ganz ein in die Vorstellung von reinem weißen Licht und vollkommener innerer Freiheit ...

Der Boden unter deinen Füßen scheint gläsern ... du kannst durch ihn hindurch sehen ... unendlich weit in die Tiefe ... Doch auch dort siehst du nur angenehmes, weißes Licht ... Du schaust nach oben und siehst auch über dir nur Licht ... Es ist überall ... hell und klar und sehr angenehm ... Es hüllt dich ein und schenkt dir Klarheit und Offenheit ... Du siehst vor dir eine gläserne Wand ... Du kannst durch sie hindurch blicken und siehst auch hinter der Wand nur Licht ...

Wunderschön ist es am Platz der Klarheit ... so rein ... so frei ... so hell und klar ... so deutlich ...Du schaust noch einmal zur gläsernen Wand vor dir ... Auf der anderen Seite der Wand stehen die Personen, die den Unfall nicht überlebt haben ... Sie sehen friedlich aus und unversehrt ... Sie strahlen eine unglaubliche Ruhe aus ...
Du stehst ganz nah vor der Wand ... Du kannst sie sehen ... Sie sprechen zu dir ... Du kannst ihre Stimme hören ... Die Verstorbenen bedanken sich bei dir, weil du mit deinem inneren Kampf so viel an sie gedacht hast ... dir immer wieder überlegt hast, warum sie sterben musstest und warum gerade du überlebt hast ... Sie danken dir für diese Anteilnahme und sagen dir gleichzeitig, dass du nun genug an sie gedacht und genug getrauert hast ... Sie sagen dir, dass du unschuldig bist und dass es einen Sinn hat, dass du noch lebst ...
Diesen Sinn zu finden oder ihn wieder zu entdecken, liegt nun an dir ... Du hast überlebt ... Du hast überlebt ...

Unruhige Beine, Restless legs (1)

Tief in deinen Gedanken gibt es drei große Räume ... Räume, in denen sich ganz bestimmte Gedanken und ganz bestimmte Erinnerungen befinden ... Du kannst sogar Gedanken finden, die du bisher noch gar nicht kanntest ... Ebenso kannst du besser verstehen, was in dir vorgeht und damit neue Gedanken finden ... neue Gedanken, die dir helfen, ruhiger zu schlafen, weil deine Beine nachts ruhiger werden ... Du findest heute sehr wichtige Gedanken, die dir helfen, innerlich wieder ruhiger zu werden ... dann werden auch deine Beine ruhiger ... Du erledigst das heute schon ... Heute ist der erste Tag der ruhigeren Beine ...

Du konzentrierst dich auf deinen Kopf ... Atme ruhig und gleichmäßig und stell dir vor, deine Gedanken sind wie der Wind, der durch viele Räume weht ... Du stehst in einem großen runden Raum mit drei Türen ... Jede Tür führt zu einem besonderen Gedankenraum ... Du gehst zur ersten Tür, an dieser Tür hängt ein Schild mit der Aufschrift „Raum der Vergangenheit" ... Du öffnest diesen Raum und gehst hinein ... Bilder der Vergangenheit wehen wie der Wind an dir vorbei ... Sie zeigen sich kurz, vergehen dann wieder ... Manche Bilder sind deutlicher, manche kaum zu erkennen ... Vor allem aber zeigen sich Bilder, die dir zeigen, was in der Vergangenheit am meisten dazu beigetragen hat, dass du diese Unruhe entwickelt hast, dass deine Beine nachts diese Unruhe so stark zeigen ... Die Bilder der Vergangenheit werden immer klarer, der Wind der Zeit trägt sie in deinen Raum und zeigt sie dir ... Vielleicht hast du mit genau diesen Bildern gerechnet ... Möglicherweise bist du aber auch überrascht von den Bildern, die der Wind dir zeigt ... Du hältst inne, bleibst stehen und betrachtest diese Bilder, was auch immer sie dir zeigen ... Du lässt sie wirken und spürst, dass Gefühle mit ihnen verbunden sind ... Du konzentrierst dich auf deine Beine und spürst, dass sie auf die Bilder reagieren ... Du spürst die Spannung der Beine, selbst wenn deine Beine sich jetzt auch gut anfühlen sollten, spürst du, dass sie nachts oft auf diese Bilder reagieren ... Du weißt, dass es vielleicht Unerledigtes gab, das die Bilder dir zeigen, dass du mehr an dieser Zeit hängst als es gut für dich ist ... Du machst dir klar, dass du vergangenes erinnern und betrauern kannst, doch ändern kannst du es nicht mehr ...

Du nimmst dir also vor, das Vergangene der Vergangenheit zu übergeben und konstruktiv aus ihr zu lernen ... Heute lernst du, dass deine Beine ruhig bleiben können, weil all das nicht mehr deiner Gegenwart angehört, weil all das längst vorbei ist ... Dann verlässt du diesen Raum und schließt die Tür. Es ist vorbei ... es ist vorbei ...

Dann gehst du zur zweiten Tür mit der Aufschrift „Raum der Gegenwart". Du öffnest sie und betrittst den Raum ... Der Wind weht Bilder deiner aktuellen Lebenssituation in den Raum ... Sie zeigen sich vor deinen Augen, manche kurz und andere lang und deutlich ... Vor allem siehst du, was in deiner aktuellen Lebenssituation am meisten dazu beiträgt, dass du diese innere Unruhe hast, dass deine Beine nachts diese Unruhe zeigen ... Vielleicht sind es Bilder von Ereignissen oder Orten ... Möglicherweise weht der Wind dir auch Bilder von Personen in den Raum, die sich plötzlich zeigen ... Alles, was du sehen kannst, hat mit deinen unruhigen Beinen zu tun ... denn das, was du siehst, ist für dich beunruhigend ... Du lässt die Bilder wirken und denkst darüber nach, dass du selbst die Gegenwart lenken kannst ... Du selbst bestimmst, was sein darf und was wichtig ist ... Manches von dem, was du siehst ist vielleicht gar nicht so wichtig ... Du erkennst hier und heute, in deinen Gedanken, im Raum der Gegenwart, was wirklich wichtig ist ... Unwichtiges kannst du erkennen und du kannst dir vornehmen, das loszulassen ... jetzt loszulassen ... Du konzentrierst dich auf das Gefühl in deinen Beinen ... Je mehr es dir gelingt, dir vorzustellen, dass du selbst bestimmen kannst, was dir wichtig ist, umso stärker spürst du auch die Beruhigung deiner Beine ...

Du verlässt diesen Raum und schließt die Tür. Dann gehst du zur nächsten Tür mit der Aufschrift „Raum der Zukunft". Du öffnest sie und gehst hinein. Hier weht ein starker Wind ... der Wind der Erneuerung ... In diesem Raum leuchtet angenehmes Licht, und es gibt unendlich viel Platz für dich ... Hier kannst du neue Wege und Pläne entwickeln ... denn jetzt hast du freie Kraft für dich ... Du hast verstanden, was wirklich wichtig ist und was du nicht mehr brauchst ... Dieser Raum gehört nur dir ... nur dir ... Fülle ihn mit deinen Ideen und Plänen ... mit deinen Wünschen und Visionen ... Lebe nur in deinem Raum, und deine Beine werden ruhig ... Lebe nur in deinem Raum, und deine Beine werden ruhig ... Deine Beine werden ruhig ...

Unruhige Beine, Restless legs (2)

Du weißt, wie es ist, wenn du nachts aufwachst oder gar nicht erst einschlafen kannst, weil deine Beine diese Unruhe verspüren. Und das willst du nun ändern, innerlich ruhiger werden ... so ruhig wie es irgendwie geht ... mit einem entspannten Gefühl in den Beinen, so wie jetzt in diesem Moment ... Du findest heute, tief in deinem Innern, eine helfende Kraft. Eine Kraft, die dir dabei helfen wird, deine Beine zu beruhigen, soweit es irgendwie geht ... Dazu richtest du deine Achtsamkeit heute auf die helfende Seite deines Körpers, denn auch die gibt es. Du sprichst also heute einmal mit deinem Körper. Du gehst in diesen direkten Kontakt und richtest deine Achtsamkeit auf all das, was dein Körper schon für dich getan hat ... Du bedankst dich heute einmal bei deinem Körper für all das, was eben gut funktioniert hat bis heute ... Auch dafür, dass er dir helfen kann und helfen wird, deine Beine ruhig werden zu lassen ...

Zuerst richtest du dich an deine Hände. Du bedankst dich dafür, dass sie immer wieder zugepackt haben ... Sie haben oft festgehalten, oft losgelassen. Sie verrichten täglich ihren kraftvollen Dienst, so gut sie es können ... Sie können dir auch Hinweise geben, wann du besser loslassen solltest ... Achte auf das Gefühl in deinen Händen. Sie signalisieren dir, wann du auch innerlich loslassen kannst ... Auch das, was dich krank machen konnte ... Dann sprichst du mit deinen Armen. Sie halten deine Hände und heben Lasten hoch. Du weißt, wie schwer Belastungen zu tragen sind, innerlich und äußerlich ... Deine Arme haben immer dabei geholfen ... Du dankst ihnen jetzt dafür und sie helfen dir auch weiterhin ... Als nächstes wendest du dich an deinen Rücken. Der trägt viele Lasten. Er hält den Körper außerdem aufrecht und gerade ... Dein Rücken hat schon so häufig gute Dienste für dich getan ... All die Jahre gut funktioniert und sich nie beklagt. Du dankst ihm für seinen treuen Dienst ... Dann sprichst du mit den inneren Organen. Du dankst ihnen dafür, dass sie alle ihre Arbeit so oft so gut verrichtet haben ... Das Zusammenspielt aller Organe ermöglicht das Leben. Und jedes Organ hat immer versucht, seinen bestmöglichen Beitrag zu leisten ... Sie arbeiten wie eine Kette und ziehen an einem Strang. Doch manchmal reißt eine Kette auch oder kann nicht mehr so stark arbeiten, weil ein Kettenglied schwächer geworden ist ... Dann richtest du dich an dein Herz. Es pumpt immer wieder Blut in den Körper und versorgt alle Organe mit Sauerstoff und Leben ... Du dankst deinem Herzen, dass es all die Jahre für dich geschlagen hat. Ohne Pause ... In ruhigen, aber auch in stürmischen Momenten. Es arbeitet immer und ruht sich nur in den kleinen Pausen zwischen den Schlägen aus ... Deine Lebensquelle ... Dann richtest du dich an deine Haut. Dieses große Organ wird so oft von uns übersehen. Wir nehmen es manchmal als selbstverständlich, dass es da ist ... Doch heute ist es anders ... Heute bedankst du dich bei deiner Haut. Dafür, dass sie dir Schutz und Wärme gegeben hat ... Dafür, dass sie die Knochen und das Innere vor Angriffen schützt. Dafür, dass sie Schmutz aufnimmt und wieder abwäscht, damit dein Inneres sauber und klar bleibt.

Schließlich richtest du deine Achtsamkeit auf deine Beine. Du bedankst dich bei ihnen. Dafür, dass sie deinen Körper so lange getragen haben. Sie tragen den Körper, halten ihn aufrecht und bringen dich von einem Ort zum anderen. Sie haben dabei geholfen, auch mal schneller zu sein. Sie begleiten dich treu und helfend ... Du bedankst dich auch dafür, dass deine Beine mit der nächtlichen Unruhe versucht haben, dir etwas mitzuteilen ... Sie haben dir deine innere Unruhe gezeigt ... Auch wenn du noch nicht verstanden hast, warum diese da ist, so war es doch ein wichtiger Hinweis für dich ...

Dann gönnst du dir noch etwas Ruhe ... Du lässt deinen Körper ruhen und vertraust auf seine Hilfe ... Ebenso sagst du deinem Körper deine Hilfe zu. Du schließt einen Pakt mit deinen Beinen ... Du versicherst deinen Beinen, dass du alles tun wirst, um deine eigenen tiefen Empfindungen zu verstehen. Um deine Denkmuster und Handlungen zu erkennen ... um all das aufzulösen ... Du willst dich mehr und achtsamer um deine eigenen emotionalen Bedürfnisse kümmern ... Als Gegenleistung bemühen sich deine Beine ruhiger zu werden, so schnell wie möglich ruhiger ... Das soll euer Pakt sein ... Und je mehr du zur inneren Klärung bereit bist, je mehr du alte Verstrickungen und Muster loslässt ... umso mehr bemühen sich deine Beine, tatsächlich ruhig zu sein ...

Verdauungsstörungen, Obstipation (1)

In der Welt deiner Gedanken gibt es drei große Kugeln ... Kugeln, in denen sich ganz bestimmte Gedanken und ganz bestimmte Erinnerungen befinden ... Du kannst in ihnen sogar Gedanken finden, die du bisher noch gar nicht kanntest ...   Ebenso kannst du besser verstehen, was in dir vorgeht und damit neue Gedanken finden ... neue Gedanken, die deinem Körper helfen, wieder eine ruhige und funktionierende Verdauung einzustellen ... Du findest heute all das Schwerverdauliche in deinen Gedanken, um dich davon zu lösen... Du erledigst das heute schon ... Heute ist der erste Tag, das Schwierige zu verdauen ...

Du konzentrierst dich auf deinen Kopf ... Atme ruhig und gleichmäßig und stell dir vor, deine Gedanken sind wie drei schwebende Kugeln ... Kugeln, die so groß sind, dass du hinein gehen kannst ... Du gehst in die erste Kugel ... die Kugel des Vergangenen ... Du stehst in der Kugel und siehst an den glatten Wänden der Kugel Bilder deiner Erinnerungen ... vielleicht sehr alter Erinnerungen ... Manche Bilder sind deutlicher, manche kaum zu erkennen ... Vor allem aber zeigen sich Bilder, die dir zeigen, was in der Vergangenheit am meisten dazu beigetragen hat, dass du diese Verdauungsprobleme entwickelt hast, dass es so schwierig wurde, emotional zu verdauen ... Die Bilder der Vergangenheit werden immer klarer ... Vielleicht hast du mit genau diesen Bildern gerechnet ... Möglicherweise bist du aber auch überrascht von den Bildern, die du hier entdeckst ... Du betrachtest diese Bilder, was auch immer sie dir zeigen ... Du lässt sie wirken und spürst, dass Gefühle mit ihnen verbunden sind ... Du konzentrierst dich auf deinen Bauch und spürst, dass er auf die Bilder reagiert ... Du spürst, dass dein Bauch jetzt anfangen kann, das Alte zu verdauen, denn es ist vorbei, gehört der Vergangenheit an ... Du weißt, dass es vielleicht Unerledigtes gab, das die Bilder dir zeigen, dass du mehr an dieser Zeit hängst als es gut für dich ist ... Du machst dir klar, dass du Vergangenes erinnern und betrauern kannst, doch ändern kannst du es nicht mehr ... Du nimmst dir also vor, das Vergangene der Vergangenheit zu übergeben und das Unerledigte jetzt endlich zu verdauen ... Heute lernst du, dass jetzt genau die richtige Zeit dafür gekommen ist, weil all das nicht mehr deiner Gegenwart angehört, weil all das längst vorbei ist ... Dann verlässt du diese Kugel, denn das Vergangene ist vorbei ... Es ist vorbei ...

Dann gehst du in die zweite Kugel ... die Kugel der Gegenwart ... Hier siehst du an den Wänden Bilder deiner aktuellen Lebenssituation ... Sie zeigen sich vor deinen Augen, manche nur kurz, dann vergehen sie wieder ... andere bleiben und werden deutlich ... Vor allem siehst du, was in deiner aktuellen Lebenssituation am meisten dazu beiträgt, dass du diese Verdauungsschwierigkeiten noch hast ... Vielleicht sind es Bilder von Ereignissen oder Orten ... Möglicherweise auch Bilder von Personen, die sich plötzlich zeigen ... Alles, was du sehen kannst, hat auch mit deiner Verdauung zu tun ... denn das, was du siehst, ist für dich belastend ... Vielleicht ist es ja auch nur ein einziges, ganz besonderes Bild, das sich dir zeigt ... Du lässt wirken, was du siehst und denkst darüber nach, dass du selbst die Gegenwart lenken kannst ... Du selbst bestimmst, was sein darf und was wichtig ist ... Manches von dem, was du siehst, ist vielleicht gar nicht so wichtig ... Du erkennst hier und heute, in deinen Gedanken, in der Kugel der Gegenwart, was wirklich wichtig ist ... Unwichtiges kannst du erkennen und du kannst dir vornehmen, das loszulassen ... jetzt loszulassen ... Du konzentrierst dich auf das Gefühl in deinem Bauch ... Je mehr es dir gelingt, dir vorzustellen, dass du selbst bestimmen kannst, was dir wichtig ist, umso stärker spürst du auch, wie deine Verdauung jetzt schon aktiv wird ... jetzt aktiv wird ... genau jetzt aktiv wird ...

Du verlässt die Kugel. Dann gehst du weiter zur nächsten ... zu der Kugel der Zukunft. Du gehst hinein ... In dieser Kugel leuchtet angenehmes Licht, und es gibt unendlich viel Platz für dich ... Hier kannst du neue Wege und Pläne entwickeln ... denn jetzt hast du freie Kraft für dich ... Du hast verstanden, was wirklich wichtig ist und was du nicht mehr brauchst ... Dieser Raum gehört nur dir ... nur dir ... Fülle ihn mit deinen Ideen und Plänen ... mit deinen Wünschen und Visionen ... Lebe nur in deiner Kugel, und deine Verdauung wird aktiv ... Lebe nur in deiner Kugel, und deine Verdauung wird aktiv ...

Verdauungsstörungen, Obstipation (2)

Setz dich ganz bequem hin und stell dir vor, du wärst in einem Zug-
abteil, ganz alleine ... Niemand außer dir ist in diesem Zug, der ganz
still im Bahnhof steht ... Die Fenster sind geschlossen und es ist sehr
leise in deinem Abteil ... Du kannst nur wenig hören von den Fahr-
gästen, die noch draußen stehen ... So kannst du zur Ruhe kommen
und dich einfach in deinem bequemen Sitz zurücklehnen ...
Gleich wird die Fahrt beginnen ... eine Fahrt mit dem Zug durch die
Nacht ... Ein sanftes Rucken setzt den Zug in Bewegung und die
Fahrt beginnt ... ganz langsam ... in ruhigem und gelassenem Tempo
... gleitet der Zug fast geräuschlos aus dem Bahnhof ... Und als der
Zug den Bahnhof verlässt, wird das Licht im Abteil immer dunkler
und dunkler ... gerade noch so, dass du dich orientieren kannst ... Die
Dunkelheit ist auch viel angenehmer auf so einer nächtlichen Fahrt ...
Wenn du möchtest, kannst du aus dem Fenster schauen ...
Da siehst du die Lichter der Stadt ... bunte Reklameschilder und
Straßenlaternen ... die Lichter der Häuser ... und alles ist ganz still ...
Manche Lichter gehen an und aus ... andere leuchten kräftig ... und
wieder andere leuchten ganz schwach ... Der Zug nähert sich mit
jedem Augenblick dem Stadtrand ... und dabei wird es immer dunk-
ler ... Immer mehr Lampen werden ausgeschaltet ... Es wird immer
dunkler und dunkler ... und gleichzeitig immer stiller ... Die letzten
Häuser der Stadt liegen schon ganz im Dunkeln ... Sicherlich sind die
Menschen, die darin wohnen, schon schlafen gegangen und liegen
längst sanft in ihren Träumen ...
Der Zug gleitet über die Schienen ... ganz sicher in das Dunkel der
Nacht hinein ... Ein sanftes Schaukeln kannst du spüren ... ein
gleichmäßiges, ganz minimales Vibrieren der Räder auf den Gleisen
... Und die Fahrt in die Nacht hinein wird immer schneller und
schneller ... Die Stadt liegt längst hinter dir ... weit zurück ... Schnel-

ler und schneller geht die Fahrt in die Nacht hinein und es wird immer dunkler und immer ruhiger in deinem Abteil ... So ruhig, dass sich schon bald eine angenehme und erholsame Müdigkeit in dir einstellt ...

Du schaust aus dem Fenster und lässt deine Gedanken wandern wie in einem Traum ... Du blickst in die Nacht hinein und kannst am Horizont Licht sehen ... Dann schaust du genauer hin und siehst leuchtende Buchstaben am nächtlichen Horizont ... Dort steht ein Satz in leuchtenden Buchstaben ... Du kannst ihn lesen ... Dort steht ...

... Ich verdaue alle meine Probleme und lasse los ...

Du schaust an den Horizont und liest den Satz immer und immer wieder ... ... Ich verdaue alle meine Probleme und lasse los ...

... Ich verdaue alle meine Probleme und lasse los ...

... Ich verdaue alle meine Probleme und lasse los ...

... Ich verdaue alle meine Probleme und lasse los ...

... Ich verdaue alle meine Probleme und lasse los ...

... Ich verdaue alle meine Probleme und lasse los ...

... Ich verdaue alle meine Probleme und lasse los ...

Wissensverankerung vor Prüfungen (1)

Die folgende Variante eines Hypnosehauptteils arbeitet mit einem Anker in Form eines Edelsteins. Der Edelstein soll als Anker für das Abrufen des gelernten Fachwissens dienen. Er wird in der Hypnose mit dem Wissen des Klienten „aufgeladen", um es dann in der Prüfung an ihn abzugeben. Es handelt sich um eine assoziative Verknüpfung, also nicht um einen esoterischen Ansatz. Ein Talisman könnte ebenso genommen werden. Da Edelsteine eine gewisse und von vielen Menschen auch spürbare Energie besitzen, eignen sie sich meiner Erfahrung nach sehr gut für diese Anwendung. Natürlich kann der mit Wissen aufgeladene Stein aus einem Laien keinen Fachmann machen. „Aufgeladen" wird immer nur das Wissen des Klienten und abrufbar ist es auch nur von ihm. Das gilt für alle Ankertechniken.

Jetzt in dieser ruhigen Trance kannst du die Zeit dazu nutzen, das von dir bereits Gelernte tiefer zu verankern ... ganz tief in dein Unterbewusstsein fließen zu lassen, um es in deiner Prüfung dann dort strukturiert und ganz einfach abzurufen ...
An einem Computer kannst du Inhalte auf einer Festplatte abspeichern ... eine externe Festplatte kannst du sogar mitnehmen und an einem anderen Ort nutzen, selbst wenn du deinen Computer gar nicht zur Hand hast ... Auch dein Fachwissen kannst du auf einer Art externen Festplatte abspeichern, die du dann in der Prüfung bei dir tragen kannst, um dein Fachwissen von dieser Festplatte abzurufen ... Diese besondere Festplatte ist der kleine Bergkristall, den ich dir gegeben habe ... Du hältst ihn in der Hand ... Edelsteine können sehr viel Energie aufnehmen, sehr viel strukturierte Energie ... Sicherlich ist dir klar, dass wir uns Inhalte in unserem Gedächtnis als strukturierte Energie merken ... Wir speichern Energien ab ... deswegen sagen wir auch, dass Gedanken aufblitzen oder dass ein Funke den

Gedanken auslöst ... Gib also jetzt deinem Unterbewusstsein den Auftrag, dein gesamtes Fachwissen in strukturierter Form in deine Hand zu leiten und in diesen Bergkristall ... Der Edelstein nimmt das Wissen auf wie eine Festplatte und stellt es dir jederzeit zur Verfügung, wenn du es brauchst ... Konzentriere dich nun auf das Gefühl in deiner Hand, dann kannst du vielleicht schon spüren, dass dein Wissen tatsächlich dort hinein fließt ... Vielleicht spürst du es als sanftes Kribbeln ... vielleicht auch als etwas Wärme oder es wird kühl ... Du kannst spüren, wie dein Wissen dort hinein fließt, wenn du dich konzentrierst ... genau so ... Du machst es richtig ...
Lass dein gesamtes Wissen nun in den Stein fließen, bis du meine Stimme wieder hörst ...

... [Jetzt etwa zwei Minuten schweigen, dann weiter machen.] ...

Nun befindet sich dein gesamtes Wissen in diesem Edelstein, den du in der Hand hältst ... Immer, wenn du ihn bei dir trägst, steht dir dein gesamtes Fachwissen zur Verfügung, und es gelingt dir, dieses strukturiert und zielgenau abzurufen ... Immer, wenn du ihn bei dir trägst, steht dir dein gesamtes Fachwissen zur Verfügung, und es gelingt dir, dieses strukturiert und zielgenau abzurufen ...

Wissensverankerung vor Prüfungen (2)

Ideomotorik bezeichnet das Phänomen, dass unser Körper mit Bewegungen unseren Gefühle und Gedanken folgt. Im Alltag zeigt sich dieses Folgen als Körperhaltung, als Muskelspannung und Bewegungsmuster einer Person, die sich natürlich mit der Stimmungslage und den Gedanken verändern. In Trance können ideomotorische Signale genutzt werden, um Informationen zu erhalten, die der Klient nicht aktiv mitteilen kann. Das Unterbewusstsein kann beispielsweise mit einem vereinbarten Fingersignal Fragen beantworten. Natürlich können ideomotorische Reaktionen auch suggestiv eingesetzt werden, beispielsweise bei Armlevitationen und Katalepsien. Eine solche Vorgehensweise, die ich auch im folgenden Text anwende, stärkt das Vertrauen in die Hypnose und in die eigene Veränderungsfähigkeit und fördert damit die Therapie.
Halten sie hierzu den Arm des Klienten am Handgelenk fest und ziehen sie ihn schräg nach oben, ohne den Arm zu überstrecken. Testen sie während der Haltesuggestion durch leichtes Nachgeben, ob der Arm bereits kataleptisch gehalten wird und lassen sie ihn los, sobald die Katalepsie steht.

Du hast viel gelernt und willst dein Fachwissen heute tiefer in deinen Gedanken verankern ... ... Du willst das Wissen ganz tief in dein Unterbewusstsein fließen lassen, um es dann jederzeit treffsicher und ausführlich abrufen zu können.

... [Nun wird der Arm des Klienten vom Therapeuten festgehalten bis die Katalepsie steht. Besprechen sie die Vorgehensweise bitte vor der Sitzung mit dem Klienten und kündigen sie Berührungen während der Trance auch immer unmittelbar an. Vermeiden sie damit immer Schreck- oder Abwehrreaktionen!] ...

... ... Ich nehme nun dein Handgelenk und halte deinen Arm für dich ... ... Lass es einfach zu ... ... Alles geschieht zu deinem Wohl ... ... Achte nun auf deinen Arm. Er wird fester und fester, so fest wie eine Eisenstange ... und federleicht ... es ist also ganz leicht, den Arm zu halten ... hoch zu halten, als würde er von einem unsichtbaren Ballon gehalten ... Dein Arm wird immer fester ... immer, immer fester, ganz fest und stabil ... Dein Arm nimmt Haltung an und verbleibt in genau dieser Position ... Dein Arm wird steif und fest und bleibt in genau dieser Position ... Er ist leicht und ganz fest ... Dein Arm ist vollkommen unbeweglich und starr ... vollkommen unbeweglich und starr ... Dein Arm verbleibt in genau dieser Position ... genau so ...

... [ggf. noch etwas verlängern, falls der Arm nicht gehalten wird, was aber rasch passieren sollte. Für den Klienten ist der kataleptische Zustand keine subjektive Belastung oder Anstrengung. Er hat das Gefühl, der Arm würde von selbst halten.] ...

Nun gebe ich deinem Unterbewusstsein den Auftrag, das bereits Gelernte ganz tief zu verankern, sodass du dein Wissen ganz stabil in deiner Erinnerung behältst ... ... Ganz tief verankert sich nun all dein Fachwissen, alles Gelesene und alles Gelernte ... ... Dein Arm wird nun langsam wieder beweglich und sinkt ganz langsam auf die Unterlage ... Das geht in genau der gleichen Zeit, die dein Unterbewusstsein braucht, um dein Fachwissen ganz fest in deinem Gedächtnis abzuspeichern ... Sobald dein Arm die Unterlage berührt, ist dein gesamtes Wissen gut für dich abgespeichert ...

... [Abwarten bis der Arm auf die Unterlage sinkt. Das kann etwas dauern, kann aber auch rasch gehen. Die Geschwindigkeit spielt für den Erfolg keine Rolle. Sie ist Abbild davon, wie fest der Veränderungswille und wie groß ggf. noch Zweifel sind. Lassen sie das Ganze einfach so laufen, wie es geschieht.]

Zwänge (1), zwanghaftes Zählen bis 3

Du bist heute hier, um dich mit deinem speziellen Zwang zu befassen und mit all dem, was zu deinem Zwang geführt hat ... Du hast diese Eigenart, immer wieder bis drei zählen zu müssen, indem du alles um dich herum daraufhin überprüfst, ob es sich dreimal in deiner Nähe befindet oder ob die Anzahl der Gegenstände durch drei teilbar ist ... Du hast das so erlebt, dass dieser Gedanke ganz von selbst kommt, sich dir irgendwie aufdrängt ... Du tust das dann ... zählst, obwohl du es eigentlich nicht willst ... Heute aber willst du das auflösen ... so als wäre die Zahl drei irgendwo in dir gespeichert und wenn du sie auflösen kannst, dann spielt sie auch keine Rolle mehr ...

Du hast sicherlich schon oft darüber nachgedacht, wo dieses Muster abgespeichert sein kann ... diese nervende drei ... in deinen Gedanken? ... in deinem Gefühl? ... Wo ist diese drei, die du loslassen willst? ... Vielleicht überrascht es dich auch zu hören, dass der Schlüssel dafür in deinem Körper gefunden werden kann, denn alles, was wir denken, fühlen oder wahrnehmen wird uns von unserem Körper angezeigt ... Unser Körper setzt unsere tief liegenden Muster in Impulse und Körpergefühle um, die dann von unserem Verstand erfasst und übersetzt werden ... Du kannst also in deinem Körper nach der drei suchen und sie dann auflösen ...

All das, was tief in unserer Seele ist, ist auch in unserem Körper zu finden. Jeder Gedanke, jede Stimmung, jedes einzelne Gefühl bildet sich in unserem Körper ab ... zeigt sich dort als Druck ... als Spannung ... als seltsames Gefühl ... manchmal als Schmerz oder nur als Kribbeln ... Irgendwo in deinem Körper sitzt also auch dein spezieller Zwang, so deutlich, dass du ihn spüren kannst ... Natürlich kennst du deine Zwänge in deinem Alltag, doch auch in deinem Körper zeigen sie sich, nur eben anders ... als Spannung ... als Wärme oder Kälte ... als Druck oder auf einem anderen Wege ... Nun richte deine Aufmerksamkeit auf deinen Körper und spüre deinen Körper ... Lass dein Körpergefühl bewusst werden ... Spüre deinen Körper ... Du fühlst den Kontakt deines Körpers zur Unterlage ... Also kannst du deinen Körper gut spüren in diesem Augenblick ...

Geh einmal von Kopf bis Fuß nach unten ... wie mit einem Scanner und finde diese besondere Stelle ... Finde diese Stell, die sich irgendwie anders anfühlt ... weil deine Zwänge dort sitzen ... weil die Zahl drei dort sitzt ... Du findest sie ... Es ist genau die Stelle, die sich irgendwie vom Rest deines Körpers unterscheidet ... Doch auch wenn du sie noch nicht gefunden hast, ist sie da ... Nimm dann einfach die Stelle, die dir spontan in den Sinn kommt ... wo auch immer das ist ... Spüre immer tiefer dort hinein ... Geh ganz in dieses Gefühl, wie auch immer es sein mag ... Es sind deine Zwänge, die du dort spürst ... Geh immer tiefer in diese Stelle deines Körpers und lass es dunkler werden ... dunkler und dunkler ... und stiller ... Es ist als könntest du in dir selbst versinken ... immer tiefer gehen ... Du tauchst immer tiefer in deinen Körper ein ... Du bist ganz in diesem besonderen Punkt deines Körpers ... Es wird immer dunkler ... Du siehst vor deinem inneren Auge die Zahl drei ... Du siehst vor deinem inneren Auge die Zahl drei ...

Du konzentrierst dich ganz stark auf die drei, so stark es geht ... und langsam fängt die Zahl an zu bröckeln ... wie Sand zerfällt sie nach und nach ... Die drei zerbröckelt ... Sie zerfällt zu Sand ... Je mehr es dir gelingt, dir die Zahl drei vor deinem inneren Auge vorzustellen, umso schneller zerfällt sie in dir ... Die drei zerfällt tief in deinem Körper ... Du befreist dich von der drei ... Du zwingst die drei zu zerfallen und wirst frei ...

Zwänge (2), Kontrollzwang

Du gehst auf die Zauberwiese ... an diesem magischen Ort ist es wunderschön ... Als erstes gehst du unter dem Regenbogen hindurch ... denn immer, wenn du unter dem Regenbogen hindurch gehst, wird aus einem wunderschönen Tagtraum eine Wahrheit ... Dein heutiger Tagtraum besteht darin, deinen Kontrollzwang endlich loslassen zu können ... Dazu gehst du quer über die Zauberwiese ...

Du siehst eine riesige Kristallkugel mitten auf der Zauberwiese liegen ... Es ist die Kugel des einen Tages ... Sie heißt so, weil du darin etwas findest, dass du an genau einem Tag schon erledigen kannst ... Vielleicht ist heute schon der richtige Tag, dann kannst du es heute erledigen ... Vielleicht ist heute auch noch nicht der richtige Tag, dann kannst du das Gleiche an jedem anderen Tag in deinem Leben tun ...

Du schaust in diese Kugel wie in eine Wahrsagerkugel. Du blickst nach links und dort siehst du dich selbst als Kind vor deinem Zwang stehen. Dein eigener Zwang steht als grinsendes Gespenst vor dir. Und rund herum siehst du all die Situationen und Gelegenheiten, in denen du kontrollierst und kontrollierst ... Und in der Hand hält das Gespenst einen Ball, in dem alle Ursachen und Hintergründe deiner Probleme stecken, ob du sie kennst oder nicht.

Dann blickst du nach rechts und siehst dich selbst wieder. Zweimal stehst du da, als Kind und als erwachsene Person ... Ihr beiden, du und das innere Kind, ihr spielt vergnügt und leicht mit dem Ball der Problemursachen. Ihr singt und tanzt und springt in die Luft und fühlt euch pudelwohl ... Und das ist die Lösung ... Ganz locker mit allen Schwierigkeiten umzugehen ... Dann gehst du ein paar Schritte über die Zauberwiese und sprichst ein kleines Gebet zu einer Instanz, an die du glauben kannst. Vielleicht glaubst du an Gott oder Jesus, dann fällt dir das Beten leicht. Vielleicht glaubst du an etwas anderes: an einen Schutzengel, an die Vorsehung oder an die Natur. An irgendetwas glaubt jeder, also auch du. Dann sagst du: Lieber Gott oder lieber Jesus oder lieber Schutzengel aller zwanghaften Menschen ... Hilf mir doch, dass ich es schaffe meinen Kontrollzwang heute loszulassen, und wenn das nicht geht, dann mach doch, dass es mir trotzdem besser geht, Amen.

Dann gehst du in die Kugel und stehst vor dem Gespenst. Du sagst: Was soll das? Kannst du mich nicht in Ruhe lassen? Du störst mich nur ... ... Das Gespenst lächelt dich freundlich an und sagt: So einfach geht das nicht. Ich bin ein Teil von dir ... ... Wie könnte ich einfach weggehen? Du kannst mich nicht einfach verbannen. Ich bin du ... ... Wir beide sind aneinander gefesselt und zwingen uns gegenseitig ... ...

Du überlegst, dass das Gespenst Recht haben könnte, doch was kannst du tun, um den Zwang endlich zu beenden ... Das Gespenst macht dir einen Vorschlag ... Es sagt: Versuch mich als Teil von dir zu sehen ... Reich mir die Hand und zeige mir, dass du es verstanden hast ... dass wir zusammen gehören ...

Und weil du auf der Zauberwiese bist, weißt du, dass alles möglich ist, was du dir vorstellen kannst ... und weil du nichts zu verlieren hast, gibst du dem Gespenst deine Hand ... mehr noch, du umarmst es einfach als Zeichen, dass du es hier auf der Zauberwiese als Teil von dir annehmen willst ... Das Gespenst verwandelt sich vor deinen Augen in eine Fee im hellblauen Kleid ... Die Fee sagt zu dir: Hab vielen Dank ... Indem du mich als Teil von dir akzeptiert hast, konnte ich mich befreien und nun wieder eine helfende Kraft sein ... Nun will ich dir helfen, für immer frei zu werden ...

...

Bücher des Autors

Buchreihe: Zehn Hypnosen

Zehn Hypnosen. Band 1: Raucherentwöhnung
Norderstedt: Books on Demand 2013
978-3-7322-4733-2

Zehn Hypnosen. Band 2: Angst und Unruhezustände
Norderstedt: Books on Demand 2013
ISBN: *978-3-7322-4734-9*

Zehn Hypnosen. Band 3: Burn Out
Norderstedt: Books on Demand 2013
978-3-7322-4717-2

Zehn Hypnosen. Band 4: Übergewicht reduzieren
Norderstedt: Books on Demand 2013
978-3-7322-4569-7

Zehn Hypnosen. Band 5: Vergangenheitsbewältigung
Norderstedt: Books on Demand 2013
978-3-7322-4719-6

Zehn Hypnosen. Band 6: Suizidgedanken und Suizidversuche
Norderstedt: Books on Demand 2013
ISBN: 978-3-7322-4722-6

Zehn Hypnosen. Band 7: Psychoonkologie
Norderstedt: Books on Demand 2013
ISBN: 978-3-7322-4725-7

Zehn Hypnosen. Band 8: Zwänge und Tics
Norderstedt: Books on Demand 2013
ISBN: 978-3-7322-4726-4

Zehn Hypnosen. Band 9: Selbstvertrauen und Entscheidungen
Norderstedt: Books on Demand 2013
ISBN: 978-3-7322-4727-1

Zehn Hypnosen. Band 10: Trauerarbeit
Norderstedt: Books on Demand 2013
ISBN: 978-3-7322-4729-5

Trancegeschichten

Fang wieder an zu leben. Trancegeschichten
Norderstedt: Books on Demand 2013
ISBN: 978-3-7322-4695-3

Wellen am Horizont. Trancegeschichten
Norderstedt: Books on Demand 2009
ISBN: 978-3-8391-1394-3

Heilsame Fantasien. Trancegeschichten
Norderstedt: Books on Demand 2010
ISBN: 978-3-8391-0899-4

Weitere Hypnosebücher

Selbsthypnose. Das Praxisbuch
Norderstedt: Books on Demand 2013
ISBN: 978-3-7322-4667-0

Hypnose kreativ gestalten. Anleitungen und Texte für die Praxis
Norderstedt: Books on Demand 2012.
ISBN: 978-3-8448-0308-2

Hypnosepraxis. Ein Leitfaden der Trancearbeit;
Norderstedt: Books on Demand 2009
ISBN: 978-3-8370-7629-5

Reframing in Trance. Perspektiven mit Hypnose ändern
Norderstedt: Books on Demand 2009
ISBN: 978-3-8370-7639-4

Rückführungen. Leitfaden der Reinkarnationstherapie
Norderstedt: Books on Demand 2009
ISBN: 978-3-8370-7642-4

Der Hypnosebaukasten. Textbausteine und Anleitungen
Norderstedt: Books on Demand 2010
ISBN: 978-3-8391-8109-6

Grundkurs Hypnose
Norderstedt: Books on Demand 2009
ISBN: 978-3-8391-0170-4

Suggestionen richtig formulieren. 10 Minimax-Techniken für Hypnotiseure
Norderstedt: Books on Demand 2009
ISBN 978-3-8370-9519-7

Suggestionstexte und Hypnosevorlagen

Hypnosetexte. Band 1
50 ausformulierte Suggestionstexte für den Hypnosehauptteil
Norderstedt: Books on Demand 2013
ISBN: 978-3-7322-4658-8

Hypnosetexte. Band 2
50 ausformulierte Suggestionstexte für den Hypnosehauptteil
Norderstedt: Books on Demand 2013
ISBN: 978-3-7322-4659-5

Hypnosetexte. Band 3
50 ausformulierte Suggestionstexte für den Hypnosehauptteil
Norderstedt: Books on Demand 2013
ISBN: 978-3-7322-4660-1

Hypnosetexte. Band 4
50 ausformulierte Suggestionstexte für den Hypnosehauptteil
Norderstedt: Books on Demand 2013
ISBN: 978-3-7322-4665-6

Hörbücher und Audiokurse

Audiokurs Hypnose
mit 100 Suggestionstexten und Raucherentwöhnungsprogramm
St. Wendel: Verlag Ingo Simon 2013
ISBN: 978-3-943323-19-1

Audiokurs Selbsthypnose. Praxisanleitung und Training
St. Wendel: Verlag Ingo Simon 2013
ISBN: 978-3-943323-59-7

Organische Psychosen
Heilpraktiker für Psychotherapie. Lesung auf Audio-CD
St. Wendel: Verlag Ingo Simon 2012
ISBN: 978-3-943323-03-0

Schizophrenie
Heilpraktiker für Psychotherapie. Lesung auf Audio-CD
St. Wendel: Verlag Ingo Simon 2012
ISBN: 978-3-943323-00-9

Affektive Störungen
Heilpraktiker für Psychotherapie. Lesung auf Audio-CD
St. Wendel: Verlag Ingo Simon 2012
ISBN: 978-3-943323-01-6

Heilpraktikerbücher

Heilpraktiker für Psychotherapie. Prüfungswissen.
Norderstedt: Books on Demand 2010
ISBN: 978-3-8334-9867-1

Heilpraktiker für Psychotherapie. Die mündliche Prüfung.
Norderstedt: Books on Demand 2010
ISBN: 978-3-8334-9868-8

Heilpraktiker für Psychotherapie. Die schriftliche Prüfung.
Norderstedt: Books on Demand 2010
ISBN: 978-3-8370-0347-5

Heilpraktiker für Psychotherapie. 20 Fallbeispiele.
Norderstedt: Books on Demand 2010
ISBN: 978-3-8370-1090-0

Endlich Heilpraktiker. Die häufigsten Irrtümer in der Psychotherapieprüfung.
Norderstedt: Books on Demand 2010
ISBN: 978-3-8370-0329-1

Übungsaufgaben Psychotherapie. Zur Vorbereitung auf den kleinen Heilpraktiker.
Norderstedt: Books on Demand 2010
ISBN: 978-3-8370-0683-4

Crashtest Psychotherapie. Zur Vorbereitung auf den kleinen Heilpraktiker.
Norderstedt: Books on Demand 2010
ISBN: 978-3-8370-0709-1

Spezialtest Psychotherapie. Für kleine und große Heilpraktiker.
Norderstedt: Books on Demand 2010
ISBN: 978-3-8370-5838-3

Heilpraktikerprüfung Psychotherapie. 200 kommentierte Aufgaben.
Norderstedt: Books on Demand 2010
ISBN: 978-3-8370-6017-1

Diagnosetraining Psychotherapie. Ein Arbeits- und Nachschlagebuch
Norderstedt: Books on Demand 2010.
ISBN: 978-3-8370-4281-8

Psychotherapie. Der Fragenkatalog. Fachwissen Heilkunde.
Norderstedt: Books on Demand 2009
ISBN: 978-3-8370-5396-8

CPSIA information can be obtained
at www.ICGtesting.com
Printed in the USA
BVHW050716021220
594672BV00006B/82